装备保障仿真应用研究系列丛书

U0605513

基于 MDA 的
联邦式装备保障建模仿真技术

刘 洁 杜晓明 孙海涛 等著

国防工业出版社

·北京·

内 容 简 介

本书主要将 MDA 的有关技术、思想引入到 HLA 技术体系中,对解决仿真模型的互操作和可重用问题进行了探讨,主要从基于 MDA 的联邦式建模仿真框架结构、内容和技术方法等方面做了较为详细的介绍。基于 MDA 的联邦式装备保障建模仿真技术框架包括仿真模型体系结构规范和仿真系统开发过程规范两个部分。仿真模型体系结构规范,将仿真模型主题域按照仿真主题域模型通用性由低到高划分为应用域、服务域、体系结构域和实现域。针对不同主题域,本书详述了各主题域模型的作用范围。仿真系统开发过程规范,分析了主题域平台无关模型的建立、主题域模型的转换、主题域模型的集成。本书详细说明了各个部分的实现技术方法和手段。

本书可为从事装备保障仿真研究的工程技术人员提供适用的参考资料,也可作为军队院校装备保障仿真方面的辅助教材。

图书在版编目(CIP)数据

基于 MDA 的联邦式装备保障建模仿真技术 / 刘洁等著.
—北京:国防工业出版社,2020.9
ISBN 978-7-118-12155-1

Ⅰ.①基… Ⅱ.①刘… Ⅲ.①武器装备-军需保障-系统建模②武器装备-军需保障-系统仿真 Ⅳ.①E145

中国版本图书馆 CIP 数据核字(2020)第 164329 号

※

*国防工业出版社*出版发行
(北京市海淀区紫竹院南路 23 号 邮政编码 100048)
天津嘉恒印务有限公司印刷
新华书店经售

*

开本 710×1000 1/16 印张 13 字数 224 千字
2020 年 9 月第 1 版第 1 次印刷 印数 1—1500 册 定价 78.00 元

(本书如有印装错误,我社负责调换)

国防书店:(010)88540777 书店传真:(010)88540776
发行业务:(010)88540717 发行传真:(010)88540762

《装备保障仿真应用研究系列丛书》

编　委　会

主　任　杜晓明

副主任　柏彦奇　贾云献　古　平

委　员　(按姓氏笔画排序)

古　平　冯书兴　朱　宁　刘　洁　刘　彬

李　思　李三群　杜晓明　吴巍屹　赵德勇

柏彦奇　俞康伦　高　鲁　贾云献　徐雪峰

葛　涛　蔡纪伟

序

　　装备保障是部队保持和恢复战斗力的重要支撑,随着我军机械化、信息化复合式发展取得重大进展,现代装备新技术密集,复杂程度迅速提高,对装备保障工作提出了更高要求。装备保障已成为事关军事斗争准备和军队建设的战略问题,它是军队建设的重要基础,直接影响部队全面建设的质量;它是装备建设的重要组成部分,贯穿于装备全寿命管理之中,直接影响装备建设的效能;它是部队战斗力的重要因素,贯穿于战斗力形成的全过程之中,直接影响作战的成败。部队装备保障是装备保障的出发点和落脚点,在信息化条件下,面对如何科学合理建设部队装备保障系统、优化设计部队装备保障力量、准确制订装备保障方案、高效实施装备保障指挥与行动等现实问题,迫切需要一种科学高效的工程方法来提供技术手段支撑。仿真技术作为继理论研究、科学实验之后第三种认识客观世界的手段,为全系统、全寿命研究部队装备保障问题提供了一种新的途径。在装备保障研究领域,扎实推广先进仿真建模理论与方法、仿真系统与技术以及仿真应用工程技术,深入开展装备保障仿真技术创新研究,必将深化装备保障在系统论证、试验、使用及人员训练等各个层次的研究工作,取得显著的军事经济效益和社会效益。

　　纵观外军几十年在装备保障仿真技术领域的研究与实践,在装备全寿命周期的不同阶段,建模与仿真技术在装备保障特性的论证、设计与验证,作战与保障方案验证与评估,装备保障系统全面建设以及装备维修保障训练中得到了广泛应用,充分发挥了它对装备保障技术研究的推动作用。我军在装备保障领域开展仿真研究起步较晚,直至 20 世纪 90 年代海湾战争后,才逐步认识到装备保障在部队战斗力生成与保持中的重要作用,由此开始科学开展装备保障仿真研究,现在正朝着系统化、体系化和标准化的方向发展。原总装仿真专业组针对我军装备保障领域对仿真技术应用的迫切需求,结合装备保障的专业特点及其技术内涵,系统构建了包括"应用仿真技术""基础仿真技术""使能技术仿真"和"系统与支撑技术"在内的装备保障仿真技术体系,规划了中长期装备保障仿真技术发展路线,为装备保障仿真的长远发展奠定了基础。

　　长期以来,部队装备保障仿真一直是军械工程学院军事装备学学科的重要研究领域,在效能评估、模拟训练、兵棋推演等装备保障应用方向,该学科承担了多项全军重大科研任务，积累大量科研成果与实践经验。科研教学相长，围绕分布式建模与仿真技术，为本科生、硕士研究生和博士研究生开设了"复杂系统建模与仿真""现代作战仿真"等相关课程，有力提升了院校研究生的科研学术层次。依托多期军队"2110 工程"重点实验室建设，建成了"装备保障仿真实验室"，为更深入地开展部队装备保障仿真研究奠定了扎实的环境基础。为了更好地让仿真技术应用服务于部队装备保障，满足当前我军装备保障信息化、智能化、精确化的发展需要，结合多年教学与科研心得，我们完成了"装备保障仿真应用研究系列丛书"，旨在与大家分享、交流与提高。

丛书紧紧围绕部队装备保障工作，从基础、方法、应用三个层面，面向装备保障指挥、装备技术保障、供应保障等部队装备保障业务，对分布式仿真技术在部队装备保障中的应用展开了探索性研究。丛书分为三部分共八册，其中基础部分包括《装备保障仿真概论》，系统阐述了部队装备保障仿真的基本概念、内涵、分类及复杂系统建模理论与方法；方法部分包括《装备保障仿真概念模型理论与方法》《装备保障仿真智能指挥实体建模方法》《基于 MDA 的联邦式装备保障建模仿真技术》《装备保障仿真构件技术研究》四册，主要采用分布式仿真技术，结合部队装备保障业务特点，对概念建模、智能体建模、模型重用、模型构件等关键仿真技术展开了深入探讨；应用部分包括《基于仿真的装备保障效能评估》《陆军装备保障模拟训练》《陆军装备保障兵棋推演》三册，对装备保障分布式仿真在装备保障效能评估、模拟训练、兵棋推演三个应用方向的应用过程及发展趋势展开了讨论。丛书研究对象针对性强，业务特点明显，三大应用方向也体现了当前我军部队装备保障应用研究热点，在部队装备保障实践与装备保障理论方法之间架起了桥梁。装备保障仿真研究领域交叉宽广，仿真技术也复杂多样，丛书所针对的部队装备保障分布式仿真应用研究只是装备保障仿真研究领域的冰山一角，国内外关于作战仿真的著作较多，但专门以部队装备保障为对象的研究书作不多。作者衷心希望丛书的出版能对装备保障的仿真研究起到添砖加瓦作用，由于研究者水平有限，对部分有争议问题，大胆发表了一家之言，意在抛砖引玉。

本丛书部分得到了"2110 工程"专项经费资助，军械工程学院贾希胜教授、朱元昌教授、李荣盛大校、程中华教授和国防工业出版社对本丛书的编著与出版给予了极大的关心、支持和帮助，作者借鉴或引用了有关专家的论文和著作，在此一并表示衷心的感谢！

由于水平和时间所限，不妥之处难免存在，敬请读者批评指正。

《装备保障仿真应用研究系列丛书》编委会
2017 年 1 月

前　　言

装备保障是战争物质基础和技术基础的重要组成部分,是保持和恢复部队战斗力的主要手段,装备保障任务执行的情况,将极大地影响部队战斗力的保持和恢复,甚至影响战争的胜负。面对高技术战争,世界各国军队都在加强现代装备保障指挥训练的探索和研究。装备保障仿真就是在抽象现实装备保障活动的基础上,运用现代仿真技术对装备保障活动的模拟,以达到装备保障指挥训练、保障法研究和保障效能评估等目的,从而为真实环境中的装备保障活动提供决策支持。然而,从现有的装备保障仿真系统看,从管理到技术层面仍然不能保证仿真应用的全面重用和模型技术的共享。随着 HLA 应用系统的不断开发,同一仿真实体不同结构、不同分辨率和不同数据标准的模型必然同时存在。由于开发的分散性,寻找合适的仿真模型应用并重用将成为一件十分棘手的事情。模型驱动架构(model driven architecture,MDA)与 HLA 技术都是致力于系统互操作的实现,但前者重点解决模型的重用问题,而后者则主要解决通信互联问题。将 MDA 的有关技术、思想引入到 HLA 技术体系中,可以有效地解决仿真模型的互操作和可重用问题。

本书在深入研究 MDA 基础理论、方法和过程的基础上,总结了国内外 MDA 技术发展的现状,分析了实现 MDA 思想所采用的具体方法和技术。在此基础上,对基于 HLA 的仿真系统模型的通用性,以及基于 HLA 的仿真系统开发过程等问题进行深入探讨,构建了基于 MDA 的联邦式装备保障建模仿真技术框架。该框架包括仿真模型体系结构规范和仿真系统开发过程规范两部分。其中,仿真模型体系结构规范主要对仿真模型主题域进行了划分。按照仿真主题域模型通用性由低到高,包括应用域、服务域、体系结构域和实现域。针对不同主题域,本书详细说明了各主题域模型的作用范围。仿真系统开发过程规范主要分析了仿真系统的开发过程,即主题域平台无关模型的建立、主题域模型的转换、主题域模型的集成以及整个建模仿真系统的 VV&A。本书详细说明了各个过程的实现技术方法和手段,是作者在装备保障仿真领域多年教学和科研工作的系统总结。

全书由刘洁策划,杜晓明、孙海涛、刘彬、古平、赵德勇等参与了相关内容的撰写工作。刘洁、孙海涛、杜晓明统稿,柏彦奇主审,吴巍屹、李前进、袁红丽对书稿进行了修改和校对。陆军工程大学石家庄校区贾希胜教授、程中华教授对本书的出版给予了极大的关心和支持,在此对他们表示衷心的感谢。

基于 MDA 的联邦式装备保障建模仿真属于对我军装备保障建模仿真技术的一种新尝试,我们只是进行了部分的理论和实践探讨,重在抛砖引玉,促使大家能深入思考装备保障建模仿真的有关方法和问题,为信息化条件下部队装备保障仿真系统建设与发展提供决策支持。由于作者水平有限,书中难免有不妥之处,敬请读者批评指正。

作者
2020 年 1 月

目　　录

第1章　联邦式建模仿真概述

1.1　分布式作战仿真

1.1.1　分布式作战仿真的概念

随着计算机网络技术的发展,自 20 世纪 80 年代初开始,作战仿真技术的研究和应用逐步从单机环境转向了网络环境。由于网上作战仿真能够更加逼真地模拟大规模的和复杂的军事行动,其仿真能力远非以往的基于经验或半经验定量模型、基于统计或纯理论定量模型的单机作战仿真所能比拟的。因此,网上作战仿真受到了世界各国的普遍关注,相关的技术和应用研究也得到了迅速发展,在分析和解决诸多军事问题中发挥着重要作用。

分布式作战仿真(distributed warfare simulation,DWS)是一种典型的基于计算机网络的先进而实用的仿真技术,它运用协调一致的体系结构、开发标准和数据交换协议等,通过计算机网络把分散在不同地域的平台级仿真器或聚合级仿真模型连接起来,构成一种人可以参与的虚拟战场综合仿真环境,以实现多武器平台的协同作战模拟或由多军兵种共同参与的大规模军事行动的模拟。分布式仿真不仅需要采用多机并行计算技术,而且特别强调负责仿真计算的各网络节点在地理上的分布特征。

SIMNET(simulation network)是世界上第一个较成功的 DWS 系统,基于 DIS2. x(distributed interactive simulation)仿真协议的平台级作战仿真和基于 ALSP(aggregate level simulation protocol)仿真协议的聚合级作战仿真是两种最具代表性的 DWS 系统,联邦式作战仿真(federal warfare simulation,FWS)[1]是一种兼容平台级仿真器、聚合级仿真模型、C^4I 系统、分析评价模型和实际作战系统接口软件等各类子系统的 DWS 系统。

分布式交互仿真按其模拟对象的不同可分为以下三类。

1. 真实仿真

由实际的战斗人员使用实际的武器系统和保障系统,在尽可能真实的作战环境中进行实战演习。典型的例子是各国军队在训练中心进行的野战演习和在作战地域、海域进行的作战演习,以及在装备试验基地对各类装备在实战环境下进行的装备试验。

2. 虚拟仿真

由实际战斗人员操作仿真的武器系统作战仿真。典型的例子是大型复杂武器装备的虚拟训练仿真器,以及由大量虚拟训练仿真器构成的战术仿真训练系统,如 SIMNET 就是一种由坦克和战车虚拟训练仿真器构成的红蓝对抗仿真系统。虚拟仿真也称为人在环仿真。

3. 结构仿真

由仿真的人操作仿真的武器系统进行的仿真,如作战模型。结构仿真也称为人不在环仿真。

以上三种仿真的结合并达到"无缝"一体化,称为无缝隙仿真。它能给局中人和自动化部队在三种仿真范围内提供一种相互作用的能力。

分布式交互仿真技术与以往仿真技术的不同之处在于以下几点。

(1) 在体系结构上,由过去集中式、封闭式发展到分布式、开放式和交互式,构成可互操作、可移植、可伸缩及强交互的分布对等协同仿真体系结构。

(2) 在功能上,由原来的单个武器平台的性能仿真发展到复杂作战环境下以多武器平台为基础的体系与体系对抗仿真。

(3) 在手段上,从单一的结构仿真、真实仿真和虚拟仿真发展成集上述多种仿真于一体的综合仿真系统。

(4) 在效果上,由人只能从系统外部观察仿真的结果或直接参与实际物理系统的联试,发展到人作为系统的组成部分,参与系统进行交互作用,并取得身临其境的感受。

1.1.2 分布式作战仿真的作用

DWS 在军事领域中的应用主要体现在三个方面,即作战训练、作战研究和武器系统评估与发展论证研究。

1. 作战训练

作战训练是最早运用仿真技术的一类军事应用,而且在该领域的应用面最广、收效最为显著。训练对象包括指挥层(指挥员)和操作层(士兵)两大类,DWS 技术的发展使指挥层和操作层在同一虚拟战场环境下的同时训练成为可能。训练方式主要是多军兵种联合作战条件下的单方演练或双方对抗演练。DWS 系统充分体现了人在环中的特性,即人是系统的一个重要组成部分,在系统结构上提供尽可能完备的用于人工干预的人机接口或虚拟操作平台,作战仿真模型则按照实际的作战规则模拟实兵执行各种干预命令或操纵指令所产生的效果,从而形成逼真的、不断变化的战场态势。这种给回路中红蓝双方参战人员提供的驾驭战场的机制,能使受训人员在虚拟的实战环境中经受锻炼和考验。

2. 作战研究

作战研究包括对未来作战方案的预演和对过去作战过程的重演。运用 DWS 技术,可按部队的作战任务构造战场环境,从而对实际作战方案在战前即可进行有效性的分析、验证与改进。对于过去的典型战役、战斗等可以通过仿真模型进行模拟重演,以便从中分析经验与教训,提高部队的作战能力。

3. 武器系统评估与发展论证研究

研究对象包括现有的实际武器系统和未来的新概念武器系统。由于 DWS 体系结构开放性的特点,可在 DWS 系统中嵌入实际的作战武器系统平台,从而在近似实战的条件下对现有武器系统进行技术和战术效能的评估。在 DWS 系统中也可以嵌入新概念武器系统的仿真模型或虚拟样机,通过仿真实验为新武器系统的设计与开发提供论证依据。

1.1.3　分布式作战仿真面临的挑战[2]

1. 仿真对象的复杂性

作战系统是在特定的时间和空间内,参与军事斗争的双方(或多方)所有要素(部队、武器系统等)及其相互作用所构成的统一体。这里,作战系统特别强调系统要素间的相互作用和相互影响。作战系统要素间的相互作用形式表现为以下两种。

① 协同。单方内部要素表现为协同关系。

② 对抗。对立双方要素表现为对抗关系。

作用内容分为以下两种。

① 信息作用。作战要素通过接收和发送信息,影响自身或其他要素的行为。如由作战命令、报告导致的协同行为,由情报战导致的对抗行为。

② 物理作用。作战要素由于受到另一作战要素的物质作用(有能量和/或物质交换),直接导致相关要素的状态发生改变,如兵力的协同或对抗行为将导致相关作战实体实力的增减。

从时间过程考虑,作战系统的运行可划分为以下三个阶段。

① 作战准备阶段。兵力协同、情报协同与对抗。

② 作战实施阶段。兵力协同与对抗、情报协同与对抗。

③ 作战结束阶段。兵力协同、情报协同与对抗。

图 1-1 给出了作战系统的生灭过程,它随着对立双方相互作用的逐步强化而形成,随着这种作用和影响的逐步弱化,向非系统转化,直至最后不复存在。

作战系统是一种复杂的动态随机系统,具有大系统的典型特征。目前,人们

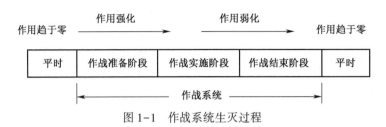

图 1-1　作战系统生灭过程

在对其相关理论和规律性的分析和研究上仍面临着一系列技术难题。

（1）规模庞大。作战系统由众多分系统、子系统构成，如陆、海、空兵力系统，多种多样的武器系统、作战资源信息系统、指挥控制系统，各种作战保障、装备保障和后勤保障系统等。这些系统占有空间大、涉及范围广、具有分散性。

（2）结构复杂。作战系统的各子系统之间、各子系统的组成要素之间关系复杂，系统中包含各种各样的人和物，具有"人-物""人-人""物-物"之间的多种复杂关系。

（3）功能综合。作战系统的目标具有多样性，涉及政治、经济、军事和技术等，作战的各方为了各自的目标进行抗争，因而作战系统的功能也必然是多方面的和综合的。

（4）因素众多。作战系统是多变量、多输入、多输出、多目标、多参数、多干扰的系统。在这些众多的因素中，不仅有"物的因素"，还有"人的因素"；不仅有"技术因素"，还有"经济因素"和"社会因素"等。

（5）主动性。作战系统是主动系统（active system），包含主动环节——人，如各级各类指挥员、操纵各种武器的士兵、各种保障人员等。如何考虑人的因素、如何建立个体行为和群体行为的数学模型是作战系统分析和研究中的一个技术难题。

（6）不确定性。作战系统中有许多不确定因素，如模糊性、随机性、对象特性漂移或摄动（结构或参数），因此难以用传统的确定性数学模型进行描述以及通常的方法进行控制。

（7）不确知性。作战系统是包含大量不完备信息、不确知数据的系统，难以建立适当的、完备的数学模型，进行精确的定量分析。

（8）维数灾。作战系统含有众多的要素（实体），要建立其数学模型必须描述各相对独立实体的众多属性及其相互影响。因此，作战系统的数学模型是一种高维的，即状态变量数目甚多。系统的分析和设计工作量将随维数的增多而迅速增长，导致"维数灾"。

（9）发展中的系统。作战系统在其运行过程中，本身也处在发展和变化之中，系统的结构和要素、系统的目标和环境条件、系统的特性和功能都处在变化之中,可称之为"发展中系统"。这种系统难以用常规的方法进行分析与研究。

(10) 分散化。作战系统不仅具有空间上的分散性,而且具有时间上的分散性。前者表现在作战系统的诸子系统和诸多要素通常分布在不同的地域和空间上;后者表现在作战系统的诸子系统和诸多要素并非贯穿于系统的整个生命周期,而是在许多离散的时间点上不断加入系统或退出系统。

综上所述,作战系统的这些特点给人们分析和把握作战系统的规律性带来了重重困难,也给作战仿真模型的建立提出了严峻的技术挑战。

2. 军事需求

自 20 世纪 80 年代初开始,从 SIMNET 到基于 DIS 仿真协议的平台级作战仿真,再到基于 ALSP 仿真协议的聚合级作战仿真,直至现在人们正在研究的 HLA,网络化作战仿真有了长足的发展,并在各自的领域得到了重要的应用。然而,作战仿真技术的支持能力与不断增长的军事需求之间的矛盾始终没有得到根本的解决,存在的主要问题有以下几个。

① 各类仿真系统互操作性差。由于不同军事部门使用的作战仿真系统通常是根据各自的需要,采用不同的体系结构和技术途径独立开发的,因此这些系统不仅应用单一,而且难以通过系统集成形成满足多种目的的综合作战仿真环境。

② 仿真组件重用性差。由于缺乏统一的建模标准和规范,原有的仿真组件难以被新的仿真系统所采用,导致时间、经费、人力和物力等资源的浪费。

③ 可信度低、可靠性差。许多仿真系统没有经过严格的检验、验证和确认。

④ 可维护性和可扩展性差。仿真系统内部要素耦合度高,不易分而治之。

⑤ 应变能力不足。难以适应多种多样的、不断变化的军事需求。

⑥ 技术滞后。尽管在仿真系统设计时采用了先进的支撑技术,但由于系统体系结构上的缺陷,未来出现的新技术将难以采用,到系统交付使用时或在系统使用过程中,所采用的技术已相对落后,如软硬件平台、通信技术等。

这些问题的存在严重地制约着作战仿真系统的开发和应用,也反映了当前仿真技术的发展水平与军事需求之间的差距,为未来作战仿真的发展指明了方向。随着武器系统和指挥系统等仿真对象的日益复杂,未来的作战仿真必将广泛地采用各种先进的仿真技术,它要求能够集成多个部门开发的不同类型的仿真应用,能够实现"真实仿真""虚拟仿真"和"结构仿真"的无缝连接。其主要趋势如下。

① 在体系结构上,由集中式、封闭式发展到分布式、开放式和交互式,构成可互操作、可重用、可移植、可扩展及具有强交互能力的对等式协同仿真体系结构。

② 在功能上,由单个武器平台仿真、单兵种仿真,发展到多军兵种联合作战环境下的体系与体系对抗仿真。

③ 在手段上,从单一的真实仿真、虚拟仿真和结构仿真,发展到集上述多种仿真于一体的综合仿真系统。

在效果上,由人只能从系统外部观察仿真结果,发展到人能进入系统内部,与系统进行直接交互,并取得身临其境的感受。

3. 技术挑战

需求牵引和技术推动是作战仿真发展的两个原动力。军事需求为作战仿真技术的发展指明了方向,作战仿真技术则以军事需求为研究和解决问题的目标和归宿。要解决仿真技术支持能力相对于军事需求不足的问题,给仿真技术的发展提出了严峻的挑战,需要解决下列诸多方面的技术难题。

1)体系结构开放性

采用开放式体系结构的目的是建立一种具有广泛适用性的系统结构框架,在这一框架下可以实现各类系统或子系统的集成,以构建大规模的和多用途的作战仿真系统。主要的集成对象包括以下几个。

① 平台级作战仿真器。

② 聚合级作战仿真模型。

③ 评估、预测类分析模型。

④ C^4I 系统。

⑤ 实际作战系统接口软件。

2)系统可扩展性

增强系统可扩展性的目的是在系统的整个生命周期内,保证其功能随用户需求的增长及外部技术支持能力的增长而增长,保证其性能不随系统规模(如接入的节点数或对象数)的扩大而显著恶化,保证系统的关键性能指标仅随系统规模的扩大而缓慢下降。

3)子系统互操作性

提高子系统互操作性的目的是保证参与系统集成的各类子系统能够有机地耦合在一起,这是构建大规模作战仿真系统的基本前提。互操作性的实现依赖于统一的系统结构框架、一致性的系统表达方法和统一的系统接口规范。

4)仿真组件重用性

重用性能使仿真系统的各类组件能为多方所用,以提高仿真建模的工作效率,缩短工程周期。获取重用性的根本技术途径是实现构模要素的模块化、标准化,并保证它们具有通用性。为此,可把仿真系统的组合要素分为通用基础支撑构件、准通用构件和专用构件三类。通用基础支撑构件的作用类似于各类建筑赖以立足的地基和公用的基础设施(如道路、水电、通信等),它为各类仿真系统的构建和运行提供一种通用支撑环境。准通用构件是按照一定的标准和规范建立起来的仿真对象模型或其他构模要素。在仿真建模时,根据特定仿真应用的需要可选择部分准通用构件,经过对它们进行适当的增、删、改维护后,即可用来构建所需要的仿真模型。专用构件是为满足特定应用领域的需要而独立设计的仿真组件,同准通用构件一样,专用构件也必须按照一定的技术标准和规范进行设计,具有准通用构件的特征,待其完善后应置于准通用构件库中,以备后用。这种一次开发、重复使用的构模策略将显著地提高构建作战仿真系统的效费比,并有助于改进仿真系统的质量。

5) 模型表达复杂性

作战仿真系统开发者的核心任务是通过建模实现仿真。实际系统是由许多对象(实体或事物)组成的,模型则是这些对象及其内在联系和相互作用机制的一种表示,仿真的本质就是利用模型系统的运行来考察实际系统本身。因此,模型的准确性和合理性是仿真质量的关键。而作战系统所具有的特殊性、复杂性和不确定性,使其仿真模型的表达更加困难。

首先,模型需要表达的对象种类繁多,主要包括作战部队(又分为不同的军种和兵种)、作战装备(又有大类、小类和型号之分)、作战环境(包括地形、海况和天候等)以及作战对象(多种多样、千变万化)。

其次,就模型种类而言,仿真系统中既有数学模型又有物理模型;既有定量模型又有定性模型;对含有人的节点,应有人的智能行为模型。要进行分布式仿真,这些模型的概念必须一致、信息必须相容。

最后,作战仿真系统的模型可能分布在不同地域的众多节点上,它们各自描述不同作战实体。实际作战系统结构的层次关系决定了描述它的模型体系也呈现出多层次的结构特征;而且不同层次的模型又具有不同分辨率,各节点模型既具独立性又具很强的相关性。

所有这些特点,极大地增加了仿真建模的难度。

6) 时空和逻辑一致性

时空和逻辑一致性是指在仿真运行过程中,系统各节点上仿真对象的状态和行为必须同所模拟的实际对象的状态和行为保持所需要的一致性,即各类事件的触发、实体间的相互影响和状态转移都必须符合客观世界所规定的时序关系和因果关系。只有如此,才能给作战仿真回路中的人提供逼真的时空感受。通常,这种一致性要求取决于仿真的目的,不同的仿真应用会有不同的时空和逻辑一致性要求。例如,聚合级作战仿真是一种基于逻辑时间推进的仿真,它要求事件的发生和相互影响保持正确的逻辑关系,没有实时性的要求。而平台级作战仿真是一种实时仿真,它对时间、空间和逻辑的一致性提出了很高的要求。为此,在系统设计时不仅需要提供高速的处理机和通信网络,而且要求仿真程序对数据流进行精确的控制和智能化的处理,以防止发生由于任务长时间的停滞或意外中止而不能对其他任务做出及时响应的现象。

在作战仿真系统中,影响时空和逻辑一致性的因素包括以下几个。

① 各节点的本地时钟不同步(未校准于某同一时基)。

② 网络阻塞导致节点间消息传输延迟。

③ 消息接收顺序或发送顺序的不良处理。

④ 实体状态转移算法的不合理性。

7) 浸入式人机交互仿真机制

作战系统是一种最复杂的人机系统,作战仿真系统必须恰如其分地表达和表现战场上的个人和群体行为。这不仅需要有完善的人机交互界面,而且需要仿真模型有相应的处理和响应机制,正确地反映人和机器的关系和相互作用。

8) 融合多种模式的时间管理机制

未来的作战仿真系统需要包容兵力仿真模型、C^4I 系统、分析评估模型和实际作战系统接口软件等各种各样的组成要素。就时间管理而言,它们可能呈现出下列不同的技术特征。

① 使用不同的事件排序方法。如 DIS 系统常按接收事件的顺序处理事件,ALSP 系统常按时间戳顺序处理事件。

② 使用不同的内部时间流控制机制。如按时间步长推进的仿真、按事件驱动的仿真、独立时间推进的仿真以及不需要进行时间管理与推进机制的分析评估模型和 C^4I 系统等。

③ 使用不同的时间推进速率。如实时仿真(real-time simulation)、比例化实时仿真(scaled real-time simulation)和尽快仿真(as-fast-as-possible simulation)。

④ 使用不同信息传输协议的仿真。如采用同步传输协议的仿真和采用异步传输协议的仿真。

⑤ 使用复合技术的仿真。例如,在作战仿真系统中,有些事件的处理必须按照一定的顺序(如时间戳)进行,要求其相关信息的传输具有很高的可靠性,如装备毁伤事件;而有些事件的处理没有严格的先后顺序要求和可靠的传输要求,如实体位置更新事件,其位置信息可根据相应的锁定推算(dead-reckoning,DR)算法进行预计,这些事件则可按接收的顺序予以处理。

由此可见,能否融合不同的时间管理机制也是实现各种仿真互操作的关键。

9）辅助建模工具的不充分性

对于传统的连续系统或离散事件系统仿真,目前已经研制了许多专用仿真语言、支持工具甚至专家仿真系统,这些仿真工具极大地减少了用通用编程语言编制仿真程序的工作量。然而,由于作战仿真系统的复杂性,目前仍然停留在用通用编程语言编写仿真程序的阶段。因此,研究与开发作战仿真 CASE (computer aided software engineering)工具甚至专用语言也是作战仿真技术发展中的一项重要研究课题。

10）理论与方法研究相对于工程实践的滞后性

由于仿真技术极大地依赖于计算机,因而在进行仿真建模时,人们往往注重如何把实际问题直接转化为某种计算机语言表示的仿真程序,致使仿真模型的表达与实际系统之间存在着较大的概念距离。因此,有必要建立和完善一套仿真建模理论和方法,用以描述实际系统到概念模型、概念模型到实验模型的映射与转换机制,并提供一套具有良好操作性的建模方法、表达模式和工作程序。

1.2　联邦与联邦式作战仿真

1.2.1　联邦

联邦是一个源自于国家政治体制的概念,指的是一类采用分权立法和执法体系实施治理的国家,即联邦制国家。美国作为第一个现代联邦制国家,被奉为联邦制的典范,许多对联邦制的概念界定和特征描述也是基于对美国联邦制的观察。美国(联邦)从行政区划上看,由 50 个行政自治州(联邦成员)构成,其联邦体制最显著的特点是具有联邦和州的两套平行的立法机构和行政机构,即在制定法律和执行法律上,联邦和州的两套体制是完全分离的。除了司法机关基于宪法的立场能对州进行控制外,联邦的立法机关和行政机关对州的立法和行政不具有任何有强制的控制权。在联邦制下,宪法把国家权力分为两部分,一部分授予中央政府,另一部分授予地方政府,二者都享有实质上的权力。根据联邦制模式的基本框架,其涉及国内政府间关系的特征主要包括以下内容。

(1) 存在两套政府体制,一套是联邦中央政府,一套是联邦各成员政府。

(2) 中央政府同各成员政府之间存在着明确的权利划分,联邦政府是一个有限政府。

(3) 联邦中央政府和地方政府都不得逾越宪法中关于他们各自应当享有的权力和地位的条款,从而干涉另一方的权力范围。

(4) 各成员政府可以在联邦宪法规定的权力范围内,制定适合本成员的宪法和法律,并自主决定和管理本成员内部事务。

单一制是一个与联邦制相对应的国家治理模式,单一制国家结构形式的主要特征如下。

(1)存在一套政府体制,是一种以中央政府为核心而形成的政府间关系,国家内部按照地域划分行政区,行政区域的地方政府是中央政府在地方的分支机构。

(2)中央政府集中了所有的权力和权威,地方政府的存在及其权力都源于中央政府或受制于中央政府,由中央政府统一领导,不具有宪法保障的自治权。

(3)全国只有一部宪法和一套从中央到地方的执法和行政体系。

单一制和联邦制是当代国家结构的主要形式,表现了一国的整体与组成部分之间、中央政权与地方政权之间相互关系,其本质在于国家管理体制中职权的划分。

与国家治理体制相仿,分布式仿真系统也是遵循不同的技术体制而构建和运行的,也存在着类似"单一制"和"联邦制"的技术体制。

1.2.2 联邦式作战仿真

如前所述,在分布式作战仿真的发展过程中出现了三种典型的技术体制,即支持平台级仿真的分布交互式仿真协议 DIS2.x、支持聚合级仿真的 ALSP 协议和支持平台级与聚合级混合仿真的高层体系结构 HLA。

DIS2.x 包括 DIS2.1~DIS2.5 共五个标准,它们分别规定了仿真应用、通信服务与框架、作战演习管理与反馈、系统的检验、验证和确认以及逼真度描述需求。该协议对分布式仿真系统的各仿真应用建模、仿真应用数据交互、系统管理及其网络通信等进行了全面的规范。这类似于单一制国家具有一套涉及各个领域的制度体系,因此,DIS2.x 是一种"单一制"技术体制。也就是说,分布交互式仿真系统的构建,无论是整个系统还是各个子系统,遵循的是统一的一套技术体制。

ALSP 是为了解决过去已经开发的若干聚合级仿真系统的互联、互操作问题制定的仿真协议,主要包括聚合级仿真接口协议、分布式仿真部件(子系统)仿真时间管理服务、数据管理和属性所有权的管理、基于消息的程序接口的 ALSP 体系结构等。可见,ALSP 只是系统层面的技术体制,而在组成分布式仿真的各子系统层面可以是采用不同技术体制的仿真部件(子系统)。因此,ALSP 已经具备了"联邦制"的雏形,基于 ALSP 的仿真系统呈现出了松散联邦的特征。

HLA 则是为了构建一种理想的联邦式作战仿真系统而进行的全新的技术体制设计。自从分布式作战仿真诞生以来,先后出现了基于不同技术方法或按照不同属性特征进行分化的多种仿真概念,举例如下。

- 按照仿真对象划分,有平台级作战仿真和聚合级作战仿真。
- 按照系统配置划分,有集中交互式作战仿真和分布交互式作战仿真。
- 按照时钟控制方式划分,有基于时间步长的作战仿真、事件驱动的作战仿真和独立时间推进的作战仿真。
- 按照数据传输控制方式划分,有同步传输控制仿真和异步传输控制仿真。
- 按照人员参与程度划分,有真实仿真、虚拟仿真和结构仿真。

总之,仿真类别是多种多样的,有时一个大型的作战仿真应用可能包含上述多种或全部技术特征,HLA 就是为了融合各种仿真技术、各类仿真应用的系统级技术体制,而构成分布式作战仿真系统的各子系统,在遵循 HLA 技术体制的基础上可以采用不同的技术体制。通常把基于 HLA 的仿真系统称为联邦式作战仿真(FWS)。这里,把不同类别的仿真或其他子系统看作实行不同政体且自治的"独立国家",这些"独立国家"为了共同的利益(数据共享)有必要进行结盟(互联),构成一个统一的"联邦共和国"(集成化系统),以便互通有无(数据交互)、互助互利(交互数据的使用和处理)、共同发展(通过数据交互和处理实现各自的仿真目的)。FWS 就是借用这种国家体制的概念而提出来的,把各种各样的仿真模型或子系统称为联邦成员,把若干联邦成员组成的大系统称为联邦式作战仿真或作战仿真联邦,简称联邦。因此,FWS 是一种集多种技术于一体的混合式仿真,旨在成为构建大规模的综合作战仿真环境的有效解决方案,以满足各种各样的作战仿真需要。

1.3　联邦式仿真系统体系结构

1.3.1　联邦式仿真逻辑结构

FWS 是一种集成化仿真概念,它可以集成具有不同应用目的的仿真模型或子系统。FWS 的主要的集成对象包括平台级作战仿真器、聚合级作战仿真模型、评估预测类分析模型、C^4I 系统、实际作战系统接口软件。

如图 1-2 所示,其中每个集成对象都是一个相对独立的联邦成员,这些联邦成员通过运行时基础支撑构件(run time infrastructure,RTI)实现互联和互操作,从而形成协同运作的统一整体,即作战仿真联邦。RTI 相当于计算机硬件中的主机板,故称为"软主板",它所提供的一套标准接口函数构成了 FWS 的"软插槽"。各联邦成员必须按照 RTI 规定的接口标准进行设计,形成"即插即用"的标准化"软插件"。在实际应用时,以 RTI 为基础,选用或设计一组标准化"软插件"进行组装即可构成一种满足特定应用的作战仿真联邦。

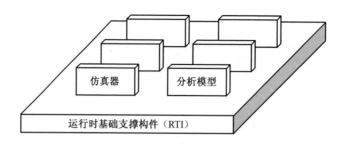

图 1-2　联邦式作战仿真的软插件结构

FWS 采用了与 DIS2. x 或 ALSP 仿真协议不同的交互数据处理模式。在基于 DIS2. x 或 ALSP 协议的作战仿真中,参与分布式仿真的各个成员采用多点通信方式(multicast)进行直接交互,所有交互数据的内容和格式均由 DIS2. x 或 ALSP 以协议数据单元(protocol data unit,PDU)的方式事先予以确定。这里,每个 PDU 都是不可分的,因此当 PDU 中的任何一个数据项发生变化后,都要传送整个 PDU,这样会导致大量冗余数据在网上进行传输。而在 FWS 中,如图 1-3 所示,各联邦成员只需要通过标准的服务函数同本地 RTI 进行数据交互,异地 RTI 自动进行数据传输。显然,各联邦成员将通过 RTI 进行间接通信,所有交互数据的内容和格式完全由参与交互的联邦成员协商确定。这样可以确保:每个联邦成员只发送对其他联邦成员有用的信息;每个联邦成员只接收对自己有用的信息;避免了冗余数据在网上的传输。

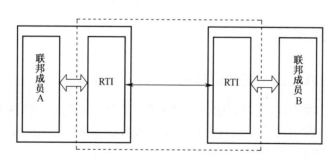

图 1-3　FWS 的数据传输模式

在 HLA 框架下,联邦式仿真的逻辑结构如图 1-4 所示。

各联邦成员和 RTI 共同构成了开放的分布式仿真系统,整个系统具有可扩充性。其中,联邦成员可以有多种类型,如真实实体仿真系统、构造或虚拟仿真系统以及一些辅助性的仿真应用。联邦的运行和仿真成员之间的交互协调都是通过 RTI 来实现的。

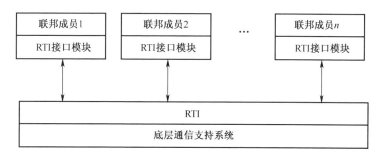

图 1-4 联邦式仿真逻辑框架

1.3.2 联邦与联邦成员规则

1. HLA 规则概要

HLA 规则已经成为 IEEE M&S 的正式标准。现行的标准共有十条,其中前五条规定了联邦必须满足的要求,后五条规定了联邦成员必须满足的要求。

联邦规则如下。

(1) 每个联邦必须有一个联邦对象模型,该联邦对象模型的格式应与 HLA OMT 兼容。

(2) 联邦中,所有与仿真有关的对象实例应该在联邦成员中描述而不是在 RTI 中。

(3) 在联邦运行过程中,各成员间的交互必须通过 RTI 来进行。

(4) 在联邦运行过程中,所有联邦成员应该按照 HLA 接口规范与 RTI 交互。

(5) 联邦运行过程中,在任一时刻,同一实例属性最多只能为一个联邦成员所拥有。

联邦成员规则如下。

(1) 每一个联邦成员必须有一个符合 HLA OMT 规范的成员对象模型。

(2) 每个联邦成员必须有能力更新/反射任何仿真对象模型(simulation object model,SOM)中指定的对象类的实例属性,并能发送/接收任何 SOM 中指定的交互类实例。

(3) 在联邦运行中,每个联邦成员必须具有动态接收和转移对象属性所有权的能力。

(4) 每个联邦成员应能改变其 SOM 中规定的更新实例属性值的条件(如改变阈值)。

(5) 联邦成员必须管理好局部时钟,以保证与其他成员进行协同数据交换。

2. 联邦规则

下面介绍适用于 HLA 联邦的五条规则。

规则 1：每个联邦必须有一个联邦对象模型，该联邦对象模型的格式应与 HLA OMT 兼容。

联邦对象模型(federation object model,FOM)将运行时联邦成员间数据交互的协议和条件文档化，它是定义一个联邦的基本元素。HLA 不限定 FOM 的数据类型，可由联邦用户和开发者决定，但 HLA 要求将 FOM 以 OMT 标准格式化文档，以支持新用户重用 FOM。

信息交换协议的规范化是 HLA 的重要内容。HLA 独立于应用领域，能用来支持具有广泛用途的各种联邦。FOM 是用来规范 HLA 应用的数据交换方法。通过规范这些协议的开发和要求，结果将以公共格式文档化。HLA 提供了理解联邦关键元素和协助联邦整体或部分重用的方法。另外，FOM 还提供了一些用于初始化 RTI 的数据。

规则 2：联邦中，所有与仿真有关的对象实例应该在联邦成员中描述而不是在 RTI 中。

将具体的仿真功能与通用的支撑服务分离是 HLA 的基本思想之一。在 HLA 中，应该在联邦成员内对具体仿真对象的对象实例进行描述而不是在 RTI 中。RTI 提供给联邦成员的服务类似于分布式操作系统提供给应用程序的服务，因此可以说 RTI 是一个面向仿真的分布式操作系统。RTI 提供给联邦成员的服务主要用以支持联邦中对象实例间的交互。所有与仿真有关的实例属性应该由联邦成员拥有，而不是 RTI。RTI 可拥有与联邦管理对象模型有关的实例属性。

RTI 服务应该能支持各种联邦，它是能被广泛重用的基本服务集，包括最基本的协调与管理服务，如联邦运行时间协调与数据分发等。由于它们的应用范围非常广泛，因此以标准服务的形式统一提供，比由用户自己定义效率更高。同时，这样更有利于联邦成员集中处理应用领域的问题，减少仿真应用开发者投入的时间及资源。所以，在 HLA 中仿真功能应与联邦支撑服务分离。RTI 可以传递对象属性与交互实例数据来支持成员间的交互，但是 RTI 不能改变这些数据。

规则 3：在联邦运行过程中，各成员间的交互必须通过 RTI 来进行。

HLA 在 RTI 中指定了一组接口服务来支持各联邦成员按照联邦 FOM 的规定对实例属性值和交互实例进行交换，以支持联邦范围内联邦成员间的通信，在 HLA 体制下，联邦成员间的通信是借助 RTI 提供的服务来进行的。

根据 FOM 的规定，各联邦成员将实例属性与交互实例的数据提供给 RTI，由 RTI 来完成成员间的协调、同步及数据交互等功能。联邦成员负责在正确的时间内提供正确的数据,而 RTI 保证将数据按照声明的要求传递给需要数据的联邦成员,以确保按照 FOM 的规定在整个联邦范围内形成一个公共的共享数据视图。为保证联邦中的所有联邦成员在整个系统的运行期间保持协调一致,所有的联邦成员都必须通过 RTI 的服务来交换数据,如果一个联邦在 RTI 外交互数据,则联邦的一致性将被破坏。公共的 RTI 服务保证了在联邦成员之间数据交换的一致性,减少开发新联邦的费用。

规则 4:在联邦运行过程中,所有联邦成员应该按照 HLA 接口规范与 RTI 交互。

HLA 提供了访问 RTI 服务的标准接口,联邦成员使用这些标准接口与 RTI 交互。接口规范定义了成员应怎样与 RTI 交互。由于 RTI 及其服务接口需要面对具有多种数据交换方式的各类仿真应用系统,因此 HLA 没有对需要交换的数据作任何规定。标准化的接口使得开发仿真系统时不需要考虑 RTI 的实现。

规则 5:联邦运行过程中,在任一时刻同一实例属性最多只能为一个联邦成员所拥有。

HLA 允许同一个对象不同属性的所有权(在此,"所有权"定义为拥有更新实例属性值的权力)分属于不同的联邦成员,但为了保证联邦中数据的一致性,给出了本规定。根据该规则,对象实例的任何一个实例属性,在联邦执行的任何一个时刻只能为一个联邦成员所拥有。此外,HLA 还提供了将属性的所有权动态地从一个联邦成员转移到另一个联邦成员的机制。

3. 成员规则

下面介绍适用于 HLA 联邦成员的五条规则。

规则 6:每个联邦成员必须有一个符合规范的成员对象模型。

联邦成员可以定义为参与联邦的仿真应用或其他的应用程序(如仿真管理器、数据记录器、实体接口代理等),HLA 要求每个联邦成员有一个对象模型(SOM),该 SOM 描述了联邦成员能在联邦中公布的对象类、对象类属性和交互类,但 HLA 并不要求 SOM 描述具体的交互数据,数据描述是联邦成员开发者的责任。HLA 要求 SOM 必须按 HLA OMT 规定的格式规范化。HLA 的主要目的是重用,这种重用是通过支持成员级的重用来实现的。尽管在 SOM 中包含联邦成员的完整信息有助于该联邦成员适应不同仿真目的的联邦,但如果因此而使得对成员中对象实例的可用信息不能进行有效访问,那么 SOM 将无法重用。因此为了满足这种要求,联邦成员的 SOM 通常只包括最小的基本信息集合,以支持其他成员对该成员信息的有效访问。该信息集合包括反映联邦成员主要特征的信息。当然,对于个别仿真开发者来说,开发和维护精确、有效、支持重用的完整信息,可能具有更高的优先级。

规则 7:每个联邦成员必须有能力更新/反射任何 SOM 中指定的对象类的实例属性,并能发送/接收任何 SOM 中指定的交互类实例。

HLA 要求联邦成员在其 SOM 中描述供其在仿真运行过程中使用的对象类和交互类,同时允许为某个联邦成员开发的对象类可被其他联邦成员使用。联邦成员的 SOM 将这些对外交互的能力规范化,这些能力包括更新在联邦成员内部计算的实例属性值和向其他成员发送交互实例。在 SOM 开发过程中,如果从一开始就将联邦成员内部的对象类、对象类属性和交互类设计为可向外公布,这样就可实现仿真的重用机制。

规则 8:在联邦运行中,每个联邦成员必须具有动态接收和转移对象属性所有权的能力。

HLA 允许不同的联邦成员拥有同一对象实例的不同实例属性。这样,为某个目的设计的联邦成员可以用于另一个目的的联邦。在联邦成员的 SOM 中,将联邦成员的对象类属性规范化,联邦成员就可以动态地接收和转移这些实例属性的所有权,通过赋予联邦成员转移和接收实例属性所有权的能力,使得一个联邦成员可以广泛应用于其他联邦。

规则 9:每个联邦成员应能改变其 SOM 中规定的更新实例属性值的条件(如改变阈值)。

HLA 允许联邦成员拥有对象实例的实例属性,并能通过 RTI 将这些实例属性转递给其他联邦成员。不同的联邦可以规定不同的实例属性更新条件(如高度超过 1000m 等)。联邦成员应该具有调整这些条件的能力,这样,通过设定不同的更新条件,联邦成员可以输出不同范围的实例属性值以满足不同联邦的需要。对于一个联邦成员而言,应该在它的 SOM 中将实例属性值的更新条件规范化。

规则 10:联邦成员必须管理好局部时钟,以保证与其他成员进行协同数据交换。

HLA 的时间管理方法支持使用不同内部时间管理机制的联邦成员间的互操作。为了达到这一目的,HLA 提供统一的时间管理服务来保证不同联邦成员间的互操作,因此不同类型的仿真只是 HLA 时间管理方法中的一个特例,一般只使用了 RTI 时间管理能力的一部分。联邦成员不需要明确告诉 RTI 其内部使用的时间推进方式(如基于时间步长的时间推进、基于事件的时间推进、外部时间同步、独立时间推进等),但它必须使用合适的 RTI 服务(包括时间管理服务)来与其他联邦成员进行数据交互。

联邦开发者必须把时间管理策略看作执行设计的一部分。联邦成员的时间管理策略必须与联邦的时间管理策略一致。

1.4 联邦式仿真系统开发过程模型

联邦开发与执行过程(federation development and execution process, FEDEP)模型旨在确定和描述构建 HLA 联邦所必需的工作程序和内容。对于不同作战仿真联邦应用而言,如用于分析的联邦和用于分布式训练的联邦,它们在低层具体的开发与执行过程上存在着明显的差异;然而,通过更一般的抽象,所有联邦式仿真联邦的开发与执行过程,具有以下五个基本相同的步骤,如图 1-5 所示。

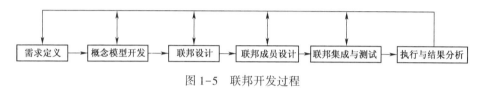

图 1-5 联邦开发过程

第一步:需求定义。用户和开发者共同确定一组开发目标和为实现这些目标必须完成的工作。

第二步:概念模型开发。对所关心的真实世界(实体、任务)用一组对象和对象间的交互进行表述。

第三步:联邦设计。确定组成联邦的联邦成员,对每个联邦成员建立一个仿真对象模型(SOM),对整个联邦建立一个联邦对象模型(FOM),通过这两类模型描述联邦成员之间的任务分工与信息交换。

第四步:联邦成员设计。针对每个联邦成员设计能够实现其 SOM 描述的输入与输出的具体过程。

第五步:联邦集成与测试。将所有联邦成员集成到一个统一的运行控制框架之下,运行并测试实现的所有联邦功能,确保满足互操作性需求。

第六步:执行与结果分析。联邦执行,分析结果,向用户反馈相关信息。

根据应用的不同,这六步可以采用不同的方法得以实现。由此,就使得开发联邦的时间和工作量不尽相同。而且,在联邦开发过程中,工作的规范化程度将直接影响系统的开发周期和各种资源的投入。

FEDEP 模型只是提供了一个通用的、一般的联邦开发过程,联邦开发者需要根据具体的应用领域特点,进行相应的调整和修改。

第 2 章　联邦式建模仿真框架

2.1　概念模型设计

仿真的本质是利用模型系统的运行来考察实际系统本身。因此,模型对实际系统表达的准确性和合理性是仿真质量的关键。

对于简单系统的仿真,由于领域知识和要解决的实际问题容易被仿真开发人员了解和掌握,因此不需要专门的交流工具和附加环节,仿真开发人员即可与专业领域人员直接对话,进而实施仿真系统的分析与设计工作。在这种情况下,仿真开发人员的实际做法是,首先向领域人员学习,至少在限定的问题空间内成为领域专家,而后才能开展仿真系统的构建工作。

然而,要实现复杂系统的仿真,单靠仿真技术人员或领域专家不可能顺利地开展仿真建模工作,要求双方进行密切的合作,而当他们进行合作时又面临着难以沟通的困扰。这是因为在复杂的研究对象系统中,要解决的实际问题或许同样复杂,只有领域人员对这些复杂问题有透彻的了解和把握,让仿真技术人员成为复杂领域的专家可能需要多年的学习与实践。另外,复杂系统的仿真技术并非简单易学,让领域专家进行学习、熟练掌握并灵活运用也是一项艰难的事情。因此,对复杂系统的仿真而言,在领域人员和仿真人员之间似乎存在着一条不可逾越的鸿沟。

为了解决系统仿真建模的复杂性问题,需要在构建仿真系统的程序和方法上进行改进,引入便于双方运作的中间环节,这就是在 FWS 中引入概念模型的主要目的。如图 2-1 所示,概念模型为仿真技术人员和领域专家搭起了一座从复杂的研究对象系统跨越到它的仿真系统的桥梁。

2.1.1　概念模型基本概念

模型是对所研究的实际系统的某种抽象表达,而这种抽象可以为了不同的目的在不同的层次上进行,从而得到同一系统的不同描述模型。FWS-CTF 采用三级抽象的策略建立联邦成员描述模型,其中概念模型是对实际作战系统的第一次抽象,它的引入将在军事领域人员和仿真技术人员之间架起一座相互理解

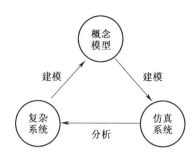

图 2-1　复杂系统仿真过程

与协作的桥梁,为解决作战仿真系统的复杂性提供一条有效途径。

概念模型(CM)是用通用的、独立于任何仿真实现的语义、语法和图、表等工具对作战系统的一种表达,它为仿真开发者提供与特定任务相关联的军事行动的规格化描述。CM 作为把实际系统抽象为仿真系统的一个中间环节,必须易被军事领域人员和仿真技术人员掌握和运用,便于他们对所研究的问题产生共同的和一致的理解。

从静态或狭义上看,CM 是对作战系统的一种表达;从动态或广义的角度出发,还应研究 CM 应如何建立、验证、维护和使用等问题。因此,CM 技术框架的内容体系应该包括以下几点。

① 概念模型:实际军事行动的一致性表达,包括表达的形式和内容。

② 开发技术:建立 CM 的技术途径,知识采集与集成标准。

③ 通用数据库:用于录入、存储、管理与分发 CM 的数据库管理系统。

④ 辅助工具:建立 CM 的辅助开发工具(CASE 工具)等。

在作战仿真建模过程中,CM 的引入具有多方面的意义,具体如下。

① CM 是对真实世界的第一次抽象,它为后续的仿真设计和实现提供可靠依据,为作战仿真系统最终的检验、验证和确认奠定基础。

② CM 是一种信息交流工具,通过它仿真领域专家可以与军事领域专家交流并获取反馈信息。

③ CM 是一种严格的工作程序,遵循它可以将待解决的现实问题清晰、系统地告知仿真开发者。

④ CM 是一种改善仿真系统性能的方法,通过建立任务空间的通用概念模型,增强最终仿真实现的重用性。

作战系统是一种典型的复杂系统,为满足多种多样的作战仿真需要,仿真模型必须具有互操作性和重用性。这要求从作战系统的概念模型开始就需要提供可重用的、具有广泛一致性的系统表达。CM 的设计应充分体现系统工程"分解—结合"的基本思想：首先，将系统分解为接口界面清晰的独立组元；然后，通过这些组元界面间的通信实现不同组元的交互和相互影响。这种通过界面实现的分解与结合，严格地保持了组元之间的既分离又关联的关系，使得对各组元相对独立地设计与实现成为可能，同时可以支持并行开发策略，保证仿真组件的互操作性与重用性。

CM 作为作战仿真建模的中间环节，必须同时兼顾其前后两个相关领域的需要。

① 问题域：实际系统，主要考虑所要解决的实际问题。

② 实现域：仿真系统，集中考虑解决问题的技术途径。

同时兼顾这两个领域的目的是，保证 CM 既能够完整、准确地表达作战仿真的军事需求，又便于后续的仿真设计与实现。

总之，CM 旨在为军事人员与仿真设计人员提供一种定义完善的接口工具，它使得所表达的真实世界与实现这种表达的仿真世界，严格地保持系统工程中的分离与关联关系。程序设计人员使用这种表达时，无须先成为职业化的军事人员；军事人员使用这种表达时，无须先成为职业化的仿真技术人员。在仿真开发过程中，CM 是从军事人员的客观世界（实际存在）过渡到仿真开发人员的主观世界（人造系统）的桥梁。借助它可以让仿真开发人员了解军事，以便建立并最终维护仿真；借助它也可以让军事人员了解仿真，以便进行仿真系统的检验、验证、确认和最后的使用。CM 的这种桥梁作用，也使得采用批判式仿真开发策略成为可能。

2.1.2 概念模型分析方法

"分析是在采取某种行动之前对问题的研究"。在包括作战仿真在内的信息系统中，系统分析就是通过对问题空间的研究，产生一个外部可观察的、完整的和一致的需求说明。这种需求说明是对实际系统的一种表达，即概念模型（CM），它是后续系统设计与实现的基础。在 FWS-CTF 中，系统分析的目的就是获取作战任务空间中各个相对独立子系统（与联邦成员对应）的 CM。

在软件系统的开发过程中，系统分析是一项最富有挑战性的工作，以下三方面的问题常常使系统分析人员陷入困境。

① 对问题空间的理解。

② 人与人之间的交流。

③ 用户需求的变化。

为了有效地解决这些问题，在软件工程发展史上，先后出现了多种系统分析方法，如传统的功能分解法、数据流法、信息模型法和现代的面向对象分析方法，它们都在一定程度上化解了系统分析的复杂性,指导着人们的具体实践。

作战仿真系统是一种相当复杂的软件系统,其开发过程中的分析、设计和实现具有一定的特殊性,因此有必要对这些环节所采用的技术和模型表达方法进行专门的研究和探讨。

1. 模型复杂性控制机制

作战系统本身是复杂的,而作战系统的模型必定是对实际系统的一种简化描述,以便正确地反映构模人员感兴趣的问题本质。模型复杂性的控制依赖于人们在分析客观世界时所采用的正确的认识论和方法论理念,如基本认知法则、抽象思维、封装机制和继承机制。

1) 认知法则

人类在认识和理解现实世界的过程中,普遍运用着三个最基本的认知法则。

(1) 区分对象及其属性:简单认知过程,如区分一架飞机和飞机的大小、形态、性能等本身所固有的特征或特性。

(2) 区分对象的整体及其组成部分:分析认知过程,如区分一架飞机和飞机的机身、机翼、动力系统和控制系统等。

(3) 区分不同的对象类:综合认知过程,如将所有的飞机形成的类同所有的坦克形成的类区分开来。

上述三种认知过程不仅是人们认识客观事物的基本法则,而且应该成为对付问题空间复杂性的有效手段。

2) 抽象思维

抽象是指在一个特定的问题空间内,忽略与当前目标无关或次要的方面,抽取与当前目标相关或主要方面的分析和研究过程。抽象的目的是让人们只关注与当前目标有关的部分。

在现实世界中,我们所面对的许多问题和系统都有其内在的复杂性,远比我们一下子所能处理的要复杂得多。当运用抽象思维方法研究问题时,首先承认所研究问题的复杂性,然而我们并不打算理解问题的全部,只是选择其中感兴趣的一部分。这种技术是解决系统复杂性问题的一个重要方法。

作战仿真系统同任何其他软件系统一样,其本质都是数据处理系统。为了构建这类系统,我们感兴趣的方面必然是数据和处理。这就是说,为了实现软件设计而进行的系统分析需要进行两方面的抽象,即数据抽象和过程抽象。

数据抽象是从问题域抽取目标系统需要处理的数据类型的过程;而过程抽象是确定目标系统应该进行什么样的加工处理和具有什么样的功能的过程。任何软件系统分析方法都离不开这两种抽象,只是侧重点不同、表示方法不同而已。例如,功能分解法强调过程抽象,借助功能结构框图予以表示;数据流法和信息模型侧重于数据抽象,前者借助数据流图和数据字典进行描述,后者用实体-关系图表示;而面向对象分析法则是数据抽象和过程抽象并重,用对象模型进行表示。

3）封装机制

在软件工程中,封装的含义是将需要处理的数据和处理这些数据的过程在某一相对独立的程序模块中予以实现。封装机制是一种应变策略,它的主要功效和诱人之处在于能够帮助人们在开发新系统时尽量避免重复劳动。假如系统分析人员将需求分析结果中极不稳定的部分封装起来,那么未来不可避免的需求变化不会对整体结构产生大的影响。

由于问题空间的复杂性,困惑系统分析人员的三个问题始终是存在的,这就决定了系统分析必然是一种渐进的、逐步优化的过程。封装机制的基本思想是将可能的变化局部化,通过局部优化实现整体优化。

4）继承机制

继承是后辈从祖先那里获得性态和行为特征的过程。在软件系统的分析和设计中,继承是采用分类结构显式地表述公共的数据抽象和过程抽象的机制。在面向对象分析法中,父类概括了子类的共同属性和服务;子类则在继承父类属性和服务的基础上,针对自己的特殊需要进行特化和扩展专有的属性和服务。这种从特殊到一般,再从一般到特殊的方法不仅符合人们认识事物的规律性,而且有助于描述复杂系统的层次关系。

2. 系统分析方法

1）功能分解法

功能分解就是用一些步骤和子步骤划分功能。每个步骤或子步骤都是一个相对独立的处理过程,具有明确的输入与输出界面。用一个等式可表示为

功能分解法 = 功能 + 子功能 + 功能界面

功能分解法的着眼点在于信息系统需要什么样的加工方法和处理过程,以过程抽象描述系统的需求。它是用"系统如何做"来回答"系统应该做什么"的问题。功能分解法的出现在一定程度上和一定范围内给技术人员提供了一条可行的软件系统开发思路。但是,它并没有从根本上解决在复杂系统分析过程中困惑人们的三个问题。

（1）功能分解法是将问题空间映射到功能和子功能,这要求系统分析人员必须深入到问题域的内部,依据以往的系统分析与开发经验确定系统应提供的功能和子功能。然而,系统分析人员对问题域的理解毕竟有限,因此这种从问题域到实现域的映射,在其完备性和合理性方面将难以定论。

（2）功能分解法是面向有经验的系统分析人员的方法,用户的参与以及系

统分析人员同用户的交流将受到限制。

（3）功能分解通常是易变的和不稳定的,因此基于不稳定的功能分解之上的系统分析结果,难以适应用户需求的变化。

2）数据流法

数据流法是将现实世界映射成数据流和加工,它要求系统分析人员跟踪实际系统中的数据流程,借助分层的数据流图和相应的数据字典等工具描述用户需求。

数据流图包括四种类型的图形元素。

① 数据源和数据纳:数据源用于提供数据,数据纳用于接收数据。

② 数据流:数据从数据流图的一部分到达另一部分的通路。

③ 变换:对数据进行处理,把数据从一种形式变为另一种形式。

④ 数据存储:保存系统中的数据。

用数据流法进行系统分析时,首先是将整个系统看作一个处理过程,分析它的输入数据流和输出数据流,从而形成顶层数据流图;然后再将顶层数据流图细化为若干个二级数据流图,如此进一步细化,直至获得最基本的加工处理数据流图。这种方法用一个等式可以表示为

数据流法 = 数据流和控制流 + 数据流和控制流的加工 + 数据流和控制流的存储 + 数据字典

在数据流方法的基础上,再加上结构化伪码、判定表和判定树则形成了一种结构化分析方法。

数据流法虽然得到了一定程度的应用,但也存在不少缺点。①有的系统并不是以数据为主要特征的,数据之间的变换不易确定。②数据字典文档可能过于庞大。③数据流图与实际系统的映射不是唯一的。因此,运用数据流法很难形成一个稳定的、能被获得一致性理解的系统需求文档。另外,这种方法很容易让系统分析陷入具体的实现细节,不利于从整体上把握系统的需求。同功能分解法一样,数据流法也不是面向用户的分析方法,其分析结果同样受系统分析人员的经验和对问题域理解程度的限制,同样不便于用户和系统分析人员的交流。它也没能有效地解决困惑系统分析人员的三个问题。

3）信息模型法

信息模型法是一种基于实体-关系（E-R）图的系统分析方法。在 E-R 模型中,实体 E 是一个对象或一组对象。这里,对象是实际系统中的事物,如人、机构、地点等。每个实体都有一组描述其状态和特征的属性。关系 R 是实体之间的联系或交互作用。实体通过关系连成一个网络,描述一个系统的信息状况。这种方法用一个等式可以表示为

信息模型法 = 实体 + 属性 + 关系 + 结构

信息模型将问题空间直接映射成模型中的实体(对象),这种映射方式通过实体抽象描述系统需求,它同功能分解法的过程抽象、数据流法的数据抽象相比在思想方法上有了很大的改进。首先,系统模型是基于系统中最稳定的要素——对象而建立的,因此具有极高的稳定性,其应变能力得到了明显改善。其次,信息模型易于被领域人员掌握和使用,促进了系统分析人员和领域人员的交流,有助于对问题空间进行完整和准确的理解、把握与描述。

信息模型不是一种完善的系统分析方法,但是它为面向对象系统分析方法的建立奠定了基础。它同面向对象分析方法相比主要缺少下列机制。

① 封装。将每个对象的属性和处理这些属性的服务捆绑在一起,并视为一个固定的整体。

② 继承。通过分类结构,显式地描述对象的公共属性和公共服务。

③ 消息。对象之间的交互界面。

4) 面向对象法

面向对象分析(OOA)方法是在信息模型和面向对象程序设计技术的基础上发展起来的。来自信息模型的概念有属性、关系、结构以及代表问题空间事物的对象;来自于面向对象程序设计语言的概念有属性和服务的封装、分类结构与继承关系、消息通信。因此,面向对象的方法可以用下式表示,即

面向对象法 = 对象(属性和服务的封装) + 分类 + 继承 + 消息通信

理想的系统概念模型应具有良好的稳定性,并支持渐进式的开发策略。模型的稳定性首先决定于模型表达要素的稳定性。OOA 方法是基于系统中最稳定的要素——对象,来构建系统的概念模型,因此模型的整体框架具有较高的稳定性。另外,对象还将不稳定的过程抽象和数据抽象封装在一起,并通过消息通信实现对象间的相互作用和相互影响,使对象具有高内聚、低耦合的特征,增强了系统模型的应变能力,也使得并行式和渐进式的开发策略成为可能。

OOA 方法的主要优点在于以下几点。

① 它运用人们认识客观事物的三个基本法则描述系统需求,符合人们的思维习惯,有助于系统分析人员和用户之间的相互理解和交流。

② 它侧重于对问题空间的表达,反映应用领域、用户所处环境和目标系统的本质需求。

③ 它将对象属性和作用于属性的服务封装成一个相对固定的整体,实现了数据抽象和过程抽象的完美结合与统一。而不是像其他分析方法那样,孤立地或不完整地进行数据抽象和过程抽象。

④ 它基于稳定的系统要素建立系统概念模型框架,使用高内聚、低耦合的

系统分块描述系统需求,保证概念模型具有良好的稳定性和应变能力。

⑤ 它通过分类结构显式地描述公共的数据类型和加工处理,使模型的表达既简练又便于理解。

⑥ 它提供了与面向对象的设计和实现相一致的表达方法,能对后续的系统开发提供强有力的支持。

表 2-1 总结了上述几种分析方法的主要差别。

表 2-1　几种分析方法的区别

机制 类别	认知法则	数据抽象	过程抽象	封装机制	继承机制
功能分解			√		
数据流法		√	√		
信息模型	√	√			
面向对象	√	√	√	√	√

3. 面向实体的概念模型分析方法

根据上面的分析可以看出,面向对象的分析方法是构建问题域概念模型较理想的方法。本节将借鉴面向对象的分析方法,针对作战仿真这一具有特殊性的应用领域的需要,探索联邦式作战仿真概念模型(FWS-CM)应该具体描述什么和怎样描述的问题,从而形成面向实体的概念模型分析方法。

1)概念模型表达要素

系统理论认为,任何系统均是由相互作用和相互依赖的若干要素组成的具有特定功能的有机整体;系统要素按照一定的方式结合呈现出特定的结构特征;系统要素按照其内在的规律性相互作用,表现出特定的内部和外部功能特征;在系统要素相互作用的同时,伴随着物质、能量和信息的转移与转换,并导致要素状态的更新;系统具有相对的独立性,有其特定的内涵与外部环境。

站在信息论的角度看,作战仿真系统实质上是一种计算机信息处理系统,它的特点是用信息概念作为分析和处理问题的基础,完全撇开所研究的对象系统具体的和真实的运动形式和作用机制,把它看作借助信息的获取、存储、传输、处理而实现的有目的的运行过程。

按照系统相似性原理,作战系统的仿真模型与实际作战系统应具有某种或某些方面的相似性,如结构上的、功能上的等。理想的作战仿真模型与相应的作战系统应该具有多方面的相似性:如系统要素、结构、行为、运行、功能、内涵与环境等。FWS-CM 是可用于各种作战仿真应用的通用信息模型,为了完整、准确地描述它,这里建立下列六种相似性关系。

（1）系统内涵-任务空间相似性。系统的存在是客观的，然而"系统"这一概念更多地用作一种抽象的思维形式或手段，用来描述所研究的对象。所以，系统的内涵可以看作相对独立的研究对象或问题域。在 FWS-CTF 中，将作战任务空间内参与相互作用的所有要素，包括作战部队、作战装备和自然环境等都视为问题域的研究范畴，并主观地将该研究范畴看成一种封闭式系统，也就是说，只考虑系统内部要素的相互作用，而"不存在"或不考虑系统与系统环境的相互作用。FWS-CM 作为对实际作战系统的第一次抽象和表达工具，其研究范畴可用包含若干维变量（如作战的对象、方式、时间和地点等）的作战任务空间予以描述。这些变量反映了作战任务空间的本质特征，同时也限定了所研究对象系统的内涵。

（2）系统要素-作战实体相似性。在作战仿真系统中，对作战系统所含的各类要素，如作战部队、武器装备、自然环境等，统一地抽象为实体。实体概念的引入旨在建立用于对作战仿真系统进行分析和表达的统一语法和语义，并进而提出面向实体的作战仿真概念模型分析方法。

（3）系统结构-实体关系相似性。作战系统的结构是指各类要素（部队、装备等作战实体）之间的相互关系，表明了作战系统各组成要素之间的静态特征。对应地，在作战仿真系统中，需要描述两种实体关系：①实体之间的整体-部分关系（组合结构）；②实体之间的类属关系（分类结构）。

（4）系统状态-实体状态相似性。状态用于描述系统在某一特定时刻的静态特征。对任何系统的动态研究，都需要分析系统的状态转移过程。在作战仿真系统中，对作战系统状态的描述离散化为对其内部所含的各个要素（实体）状态的描述。

（5）系统运行-实体行为相似性。系统运行是指系统状态随着时间的推移而不断变化的过程，反映了系统的动态特征。在作战仿真系统中，由于系统状态用作战系统中的实体状态描述，因此作战系统的运行则用实体的状态变化过程，即实体行为来表示。作战仿真系统作为模拟实际作战系统动态演化的信息模型，必须详细、准确地描述任务空间中所有实体的各种行为特征和行为机制，其方法就是在特定的时间区间内离散地或连续地记录或表达所有作战实体的状态变化过程。

行为是系统要素的动态特征，它表现为系统要素随着时间的推移而产生的状态转移过程。要素行为将导致要素间的相互作用和相互影响，进而又导致新的行为，如此循环往复，这是系统不断演化的内在机制和根本动因。

在 FWS-CTF 中，实体行为只表示实体状态的变化，不反映实体间的相互作用。为了逼真地模拟实体行为，根据行为粒度的大小，将实体行为分为两种：一种是具有明确作战意图的行为，称为作业，它通常与一条指挥命令相对应；另一种是不再细分的行为，称为动作，一项作业通常由一个或多个军事动作构成。

（6）系统功能-实体交互相似性。功能是指事物之间的相互作用和相互影响，表现为在特定的输入条件下，对外部的输出能力。在 FWS-CTF 中，将作战实体之间相互作用和相互影响的程度量化为包含若干参数的向量，称为交互，把交互发送给受影响的作战实体，进而通过计算来模拟作战实体间的相互作用。因此，交互描述了实体的输出，体现了实体的功能。

就系统而言，其功能一般应从以下两个方面进行考察。

① 内部功能。系统内部要素之间的相互作用和相互影响，它体现系统内部要素的输出能力。

② 外部功能。系统（内部要素）对其环境的作用和影响，它体现系统整体的外部能力。

在 FWS-CTF 中，将 FWS 的外部功能，如作战训练、战术研究等对最终用户所发挥的作用作为开发 FWS 的总目标，而将 FWS 内部功能的表达和表现作为开发 FWS 的技术手段。在作战仿真系统的建模过程中，由于任务空间内的所有相互作用实体均被认为是系统的内部要素，所以模型的表达只需考虑系统的内部功能，即作战实体实施的各种军事行动所产生的相互作用和相互影响。

在 FWS-CTF 中，按照交互的性质，将作战实体之间的相互作用分为两种，即物理作用和信息作用。在物理作用中，实体之间有物质流和/或能量流的转移和交换，与此同时还可能伴随着信息流的转移和交换，如炮击行为将导致物质和能量的转移和交换，弹药供应行为将导致物质和信息（供应清单）的转移和交换；而在信息作用中，实体之间只有信息流的转移和交换，因此是一种纯信息的作用，如下达作战命令、上报战况等。

在作战系统中，由于作战要素几乎都是智能或智能化的作战实体，因此物理作用通常在信息作用下触发，并产生新的物理作用和信息作用。不同作战实体间的信息作用体现了情报收集与传递、作战指挥与控制的过程，主要表现形式是作战文电，包括命令、指示、请求、报告、通告等。在 FWS-CTF 中，需要将物理作用中的物质流和能量流量化为信息流，而信息作用本身包含的就是信息流，这两类信息流构成了仿真模型中的交互数据。

根据上述的相似性分析，作战仿真概念模型作为对实际作战系统的第一次抽象，其构成应包括六类要素的描述，即任务、实体、结构（实体关系）、状态、行为和交互。它们与实际作战系统的相似性关系对照如表 2-2 所列。

表 2-2 概念模型与作战系统的相似性

作战系统		概念模型
系统内涵		任务空间
系统要素		作战实体
系统结构	⟹	实体关系
系统状态		实体状态
系统运行		实体行为
系统功能		实体交互

2）面向实体分析方法

（1）基本概念。面向实体分析方法是以作战系统中的实体为核心,用于构建作战仿真概念模型的分析和描述方法。根据系统相似性分析,面向实体的分析方法可以表示为

面向实体法 = 任务+ 实体 + 结构 + 状态 + 行为 + 交互

① 任务是作战主体(实体)担负的作战职责。所有作战实体在特定的条件下,担负作战任务的集合称为作战任务空间。作战任务空间用于限定考虑问题的范畴。

② 实体是在作战任务空间内,对实际作战系统中的各类事物的抽象。在面向对象方法中,"对象"一词来源于两个相对独立发展的技术领域:信息模型中的对象表示现实世界的各类事物,它与现实世界具有严格的对应关系;面向对象程序设计语言中的对象是对各种数据类型以及施加于相应数据类型的操作的抽象,它不仅含有通过对现实世界抽象获取的对象类,而且包括实现域特有的对象类。在现实世界中,不存在与实现域特有的对象类相对应的部分。FWS-CM 采用信息模型中对象的概念,用"实体"表示作战系统中的各类事物。这里,实体的概念并不等价于对象,对象是数据结构和处理数据的方法的封装,而实体只表示具有一个特定状态向量的事物类,实体的状态向量相当于对象的属性。因此,实体只对应于对象的静态部分,对象的动态部分对应于实体的行为。实体概念引入的意义在于以下几点。

● "实体"概念更接近于领域人员,使 CM 的表达方式与人们惯用的认知法则相一致,便于为军事人员和系统开发人员提供一致性的、可共同理解的问题域表达方法。

● 区别于以"对象"概念为核心的 FWS-OM,便于系统分析阶段的工作集中于对问题空间的表达。

● 以"实体"为核心的 FWS-CM,具有稳定的结构框架,支持渐进式开发策略,通过反复征求用户需求和对问题空间的逐步理解,使 CM 不断得到修改和

优化。

③ 结构表示作战实体之间的相互关系和问题空间的复杂度。分类结构描述实体类属成员的层次关系,反映实体的通用性和特殊性。组合结构表示实体聚合关系,反映实体的整体和组成部分。组合结构是客观世界中各类事物的表现形态;而分类结构则是主观世界中分析问题和解决问题的有力工具。

④ 状态是实体所具有的、可辨识、可度量的外部形态或特征,它对应于对象的属性。任何实体均具有各种各样的状态特征,构建作战仿真概念模型时,只能在作战任务空间内选取需要观察的部分。

⑤ 行为是在作战任务空间内,能够对实体状态产生直接或间接影响的军事行动,如炮击、机动、弹药运输等。

⑥ 交互是对实体之间相互作用的一种描述,包括物理作用的描述(如炮击效能参数)和信息作用的描述(如作战文电)。

(2) 实体模型。在面向实体的概念模型分析方法中,实体是模型描述的核心。作战任务空间的实体可分为指挥实体和执行实体两类,指挥实体是作战任务或命令的下达者,执行实体是作战任务或命令的执行者。通常,指挥实体也具有执行实体的作战职能,因此它同时也是执行实体,如前沿指挥所、坦克群中的指挥车。任何作战实体的作业都是在特定的指挥控制下进行的,外部消息(如作战文电、外部事件通知)是触发实体行为的外部条件,实体所处状态是实体行为的内部根据,实体在外因和内因的共同作用下决定行为的性质,如行为的种类、方式、时间、空间和效果等。图 2-2 给出了实体元基本模型。

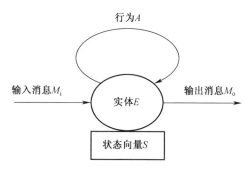

图 2-2　实体元基本模型

实体元模型可表示为

$$M_e = \{E, S, M_i, A, M_o\}$$

式中　M_e——实体 E 模型;

　　　E——任一作战实体,指挥实体或执行实体;

　　　S——实体 E 的状态向量,它由若干分量构成,即 $S = \{S_1, S_2, \cdots, S_n\}$,$n$

29

为状态分量数；

M_i——实体 E 的输入消息集，它是在实体 E 的整个生命周期内，实体 E 接收到的所有外部事件消息的集合，即 $M_i = \{ M_{i1}, M_{i2}, \cdots, M_{ip} \}$，$p$ 为输入消息数；

M_o——实体 E 的输出消息集，它是在实体 E 的整个生命周期内，从实体 E 发出的所有内部事件消息的集合，即 $M_o = \{ M_{o1}, M_{o2}, \cdots, M_{oq} \}$，$q$ 为输出消息数；

A——它是在实体 E 的整个生命周期内，实体 E 所实施的所有作业的集合，即 $A = \{ T_1, T_2, \cdots, T_m \}$。其中每项作业 T_k 由若干动作或工序 P 构成。即 $T_k = \{ P_{i1}, P_{i2}, \cdots, P_{ir} \}$，$m$ 为作业数，r 为动作数。

$\{M_i\} + \{M_o\}$ 构成了实体 E 的交互数据。

实体模型的工作过程：当接收到外部消息并满足特定的入口条件时，实体将启动并执行作业。在执行过程中，实体可能接收一个或多个输入、产生一个或多个输出、改变一个或多个内部状态。直到出口条件满足时执行结束。

入口条件：启动、重新启动或继续某个行为的充分必要条件，包括当前状态集和外部消息。

出口条件：结束或中断某个行为的充分必要条件，包括当前状态集和外部消息。

（3）对后续开发的支持。面向实体分析方法通过上述六类要素的描述产生作战仿真概念模型，其主旨是便于让军事人员使用更接近于军事术语的自然语言描述作战空间的实际问题，而无须考虑作战仿真如何实现的问题。实际上，CM 方法的本身已充分考虑到由其产生的 CM 对后续设计与实现的支持能力，表 2-3 给出了从概念模型（CM）到对象模型（OM）的映射关系。

表 2-3　概念模型（CM）到对象模型（OM）的映射

概念模型	→	对象模型
任务空间		元数据
实体		对象
状态	转换+扩展	属性
结构		结构
行为		方法
交互		消息

2.1.3　概念模型标识

建立概念模型需要描述任务、实体、结构、状态、行为和交互六类要素。对于每类要素而言,应该描述什么和不应该描述什么呢? 这需要根据目标系统的应用需求进行分析和判定。下面给出概念模型标识的六项活动,它们没有严格的先后顺序关系,实际上它们往往是交替进行的,如图 2-3 所示。

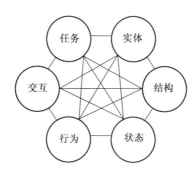

图 2-3　构建概念模型的六项活动

1. 任务标识

　　任务标识的目的是确定作战任务空间,以便界定 CM 所描述的问题域。任务是作战实体应担负的职责,各级作战实体有各自的作战任务。通常,上级作战实体给下级作战实体赋予作战任务。任务空间则是具有共同的作战目标、特性和行为准则的任务集。任务空间用一种多维的向量空间来定义,图 2-4 给出了一个包括作战等级、部队类型和作战阶段的三维任务空间。实际上,任何一个限定问题域的约束因素,如作战时间、作战空间、作战目的、实体分辨率等,都是任务空间的一个分量,每个分量都在某个方面确定了模型需要表达的内涵与外延。例如,对于聚合级仿真,如果作战实体只需要描述师、团两级,那么师、团则为系统内涵,军以上和营以下作战实体则为环境要素。

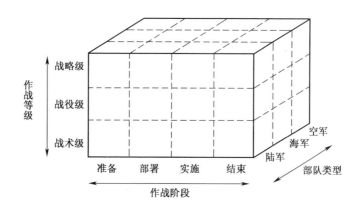

图 2-4　作战任务空间示意图

确定作战任务空间的主要依据是未来的作战仿真系统应满足用户的哪些需要。例如,建立作战指挥训练仿真系统时,首先考虑的是受训对象是谁(受训对象通常是一个群体)、这些受训对象指挥谁、受谁的指挥以及指挥的时间、空间、条件和方法等,这些都是作战仿真模型需要重点描述的内容,同时也是确定作战任务空间的主要依据。

作战任务的描述方法是,根据总的作战意图按照实体级别从上到下逐级描述,主要依据是军事人员拟制的作战想定。任务描述的内容包括任务名称、执行任务实体、相关实体、目的、时间、地点、条件和方式等。

任务标识活动的结果是获取两类表格,即作战任务空间表和作战实体任务表。举例如表 2-4~表 2-6 所列。

表 2-4　作战任务空间数据表举例

空间分量	取　值　范　围
作战等级	
部队类型	陆军
参战部队	红方:2 个机步师、1 个高炮团 蓝方:2 个机步旅、1 个飞行中队
分辨率	作战部队:从师到营 保障部队:任意编组
作战地区	5 号作战地区,地域范围:以某地为中心南北 60km,东西 50km
作战目的	红方: 蓝方:
作战方式	红方: 蓝方:
作战时间	某年某月—某年某月
作战阶段	只考虑作战准备和作战实施阶段
⋮	⋮

表 2-5　红方作战任务表

序号	任务	执行实体	相关实体	目的	时间	地点	条件	方式	备注
1									
2									
3									
4									

表 2-6　蓝方作战任务表

序号	任务	执行实体	相关实体	目的	时间	地点	条件	方式	备注
1									
2									
3									
4									

2. 实体标识

1) 实体的概念

在作战系统中,实体是可辨识的人员、武器装备、作战部队、指挥机构、设施、自然环境和行动计划等,是一切军事行动及其相互影响的主体或客体,因此是 FWS-CM 描述的核心要素。实体是对具有相同特征的一类事物的抽象,而不是一个特定的个体。

实体通常具有可分解-可组合的特性,即一个实体可能由若干个次级实体组成,次级实体还可以进一步细分。在构建 CM 时必须确定所描述实体的级别或层次,即实体的分辨率。例如,在聚合级作战仿真中,将能够独立执行任务的建制单位(如营、连等)作为一个实体进行描述;而在平台级作战仿真中,将单一武器系统(如飞机、坦克等)作为一个实体进行描述。实体分辨率应视研究目的和研究对象而定。

(1) 按照实体行为有无自主性,可将实体划分为智能体和非智能体为两类。

① 智能体:有自主行为的实体,当它受到外部条件的触发后,具有自主决策选择行为的能力。例如,弹药保障分队当接收到上级的弹药补充命令后,由于弹药储量不足而不能执行,而采取其他行为予以响应。在作战仿真系统中,描述的所有实体几乎都是人机结合体,如作战部队、作战武器系统等,即便是无人操纵的武器装备,如无人驾驶飞机,也已经具有了人工智能的成分。因此,它们都可以作为智能体进行描述。

② 非智能体:无自主行为,即其行为完全以外部条件的触发为动因,如道路、桥梁等。

(2) 按照实体的运动属性,可将实体划分动态实体和静态实体两类。

① 动态实体:在仿真建模时,需要考虑运动属性(位移、运动速度、运动方向和运动方式)的实体,如作战部队、作战装备。

② 静态实体:在仿真建模时,不需要考虑运动属性的实体。主要指作战自然环境,如地形、地物、天况、海况等。

2) 实体的选取

实际作战系统包含着各种各样、千差万别的实体,大到一支作战部队(如集团军、舰队、飞行大队），小到一个士兵、一种装备、一种弹药乃至一种零部件。作战仿真模型不可能像实际作战系统那样，由千千万万个活生生的士兵和装备构成，而是应该在一定的聚合级上有选择地构造若干实体信息模型，以实现特定的仿真应用。下面给出选取实体时应考虑的问题和遵循的原则。

（1）在所确定的任务空间内选择作战实体，构造兵力行动信息模型（联邦成员）；在任务空间之外选择相关作战实体，构造情况导调信息模型（联邦成员）。前一类实体需要详细描述它们的状态和行为；后一类实体可简化描述，重点表明与任务空间内作战实体的信息交互关系。任务空间是根据仿真应用的目的而确定的，任务空间之外的相关实体应作为环境因素予以描述。例如，在聚合级作战仿真中，如果兵力行动模型只描述师、团两级作战实体，则军以上和营以下相关实体为环境实体，这类实体在作战仿真系统中可以设计成导调模型，通过人工干预设置情况，模拟外部环境对系统内部的影响。

（2）实体分辨率适度原则。实体分辨率是指模型所描述的实体粒度。实体分辨率越高，仿真模型对作战单位描述越详细。然而，为了特定的仿真目的，并非分辨率越高效果越好。这是因为模型与实际的误差是必然存在的，当粗粒度的实体描述满足要求时，如果描述过细，则会产生积累误差，甚至冲淡主题，同时可能带来其他副作用，如占用大量的内存空间、计算量和通信量增加、时间延迟等。在平台级作战仿真中，实体的选择较为容易，一般都以单个武器系统平台为实体进行描述，如坦克营战术仿真模型，由许多单个坦克信息模型构成。在聚合级作战仿真中，需要在某一或某几个级别上确定作战实体。例如，在指挥训练仿真系统中，首先要确定训练哪些指挥员，那么这些受训指挥员指挥的作战实体必须在模型中予以描述。

（3）有状态向量原则。在决定模型中是否应包含某一实体时，应判定模型是否需要记录这个实体的某种信息，这些信息可能是仿真过程中所必需的中间数据，也可能是最终评价仿真应用的数据来源。如果回答是否定的，则该实体肯定不需要考虑。如果回答是肯定的，则该实体应予以保留，待后续的分析和优化后决定对它的取舍。假如某个实体只有一个或两个状态需要记忆，则该实体很可能应以状态变量的形式归为一个更大的实体。例如，在模型中如果只关心"士兵"（可能的实体）的人数，那么该信息可在"作战部队"实体中的士兵人数状态变量中描述。

（4）有交互行为原则。在决定模型中是否应包含某一实体时，应判定模型是否需要描述这个实体与其他实体的交互信息，这些信息可能导致其他实体状态或行为的变化。如果回答是否定的，则该实体肯定不需要考虑。如果回答是肯定的，则该实体应予以保留，待后续的分析和优化后决定对它的取舍。

（5）公共状态向量。实体是同一类事物的抽象,因此这类事物应具有相同的状态向量。如果其中某个或某些事物(实例)的状态向量与其他实例的状态向量不完全相同,则该实体可能需要通过分类结构进一步分化为两个或多个实体。如作战保障分队可能需要进一步分化为工程保障分队、装备保障分队、后勤保障分队,而装备保障分队又可能分为弹药保障分队和维修保障分队。

（6）公共交互行为。实体对同一类事物的抽象,也表明它们具有相似的行为特征。如果其中某个或某些事物(实例)的行为与其他实例的行为不完全相同,则该实体可能需要通过分类结构进一步分化为两个或多个实体。

3) 实体命名与标注

实体是基于名词概念对实际系统的抽象表示,实体命名应遵循三个原则。

① 反映主题。

② 使用领域术语。

③ 可读性强,如采用"名词(或形容词)+名词"的形式。

对于每个可能的实体用一个类似"目"字形的矩形框表示,如图 2-5 所示,第一行标注实体名称。剩余部分将标注后续讨论的状态、行为和交互。

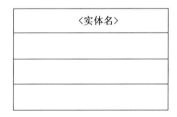

图 2-5　实体标注

3. 结构标识

1) 结构的概念

结构是系统要素之间的相互关系。系统的大小决定于系统要素的多少,系统的复杂程度决定于要素的关联数量。结构分为两种:分类结构和组合结构,它们是人类基本认知法则中的两项重要内容,在问题空间里用于表示事物的复杂性。在作战仿真概念模型中,借助结构分析可以明确作战任务空间内各种实体间的相互关系。

分类结构用于描述问题空间内各类实体的类属层次关系,高层类概括了低层类的公共特性(状态和行为),低层类在继承高层类特性的基础上进行特化扩展。这种结构显式地表示了现实世界中的通用性和专用性。如图 2-6 所示,作战武器包括战斗机、军舰、火炮、坦克等,火炮又可分为加农炮、榴弹炮、迫击炮和高射炮等。

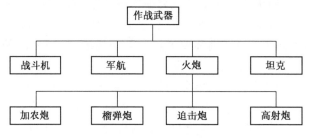

图 2-6 实体分类结构举例

借助分类结构可以对问题域的信息进行分层,把公共的状态信息放在较高的层次,把私有的状态信息放在较低的层次上进行扩展。在面向对象程序设计中,分类结构是实现继承机制的基础。继承机制提供了显式地描述和实现公共属性和公共服务的方法,低级类在继承高级类的属性和方法的基础上,能够特化自身所需的属性和方法。

组合结构用于描述一个实体及其组成部分。例如,一个机步师由 3 个机步团、1 个高炮团和 1 个修理营等组成。组合结构表达了自然的整体和部分的结构关系,这是事物客观的存在形式。在聚合级作战仿真中,组合结构是实体聚合与解聚算法的基础。例如,对于上述的机步师而言,在开始时仿真模型将其作为一个完整的实体进行描述,当从中派出一个机步团独立执行某项任务时,则原来的实体需要分解为两个实体;待该团完成任务归建到原建制单位时,需要将两个实体聚合成一个实体。

2)分类结构的确定

在选取模型需要描述的实体后,应对所有的实体进行分类并纳入相应的分类结构。一般来说,一个事物有多少种属性特征,就会有多少种简单的分类方法(或称为一维分类法),再加上多属性组合的分类方式(即多维分类法),其类别数量可谓是"不计其数"。那么,如何获得作战仿真模型需要的分类结构呢?下面给出了确定分类结构的一般原则。

(1)建立分类结构的目的是显式地描述实体的通用部分和专用部分,简化问题空间的表达。在作战仿真模型中,避免数据冗余,保证数据的一致性。

(2)考虑每个实体的抽象性和概括度,抽象性和概括度高者放在上层,低者放在下层。"武器装备"的抽象性和概括度最高放在顶层,"战斗机、军舰、火炮、坦克"等抽象性和概括度稍低的放在第二层,"加农炮、榴弹炮、迫击炮和高射炮"等抽象性和概括度最低放在最底层。

(3)按照实体的通用性和专用性分类。这种通用性和专用性必须在现实世界中是有意义的、能被人们所公认的。

（4）考虑实体状态向量的相似性。作为一个反例，注意到所有的武器装备都有一个"位置"状态属性，除非这一属性描述了问题空间的某种有意义的通用性；否则不能仅仅为了获得这样一个共同点而去增加一个杜撰（非公认的、非常识性的）的分类结构。

（5）在建立分类结构过程中可能概括出高层的抽象实体，这需要返回实体标识活动予以增补和修订。

3）组合结构的确定

在选取模型需要描述的实体后，应对所有的实体进行组合分析，并形成相应的组合结构。组合结构具有物质可以无限细分的特性。那么，如何获得作战仿真模型需要的组合结构呢？下面给出了确定组合结构的一般原则。

（1）组合结构中的实体必须是问题域中需要考虑的实体。也就是说，不管作为整体的实体还是作为组成部分的实体，必须是仿真模型需要描述的，即需要描述它每个实例的属性和行为。

（2）将问题域中的每个实体作为一个整体，分析问题域中的哪些实体是它的组成部分及相应的数量关系。

（3）将问题域中的每个实体作为一个组成部分，分析它属于问题域中的哪个更大实体及相应的数量关系。

（4）整体与部分的关系必须反映实际系统客观存在的组合关系。

4）结构图

分类结构和组合结构都可以用树图进行直观地描述。分类结构表示事物类别的隶属关系，即一个实体类属于或不属于另一个实体类。所有相关实体构成一个抽象级别渐变的层次分类结构。在结构图中，每个节点表示一个实体类，上层为父类，下层为子类。

组合结构表示事物的组成隶属关系，即一个实体类是或不是另一个实体类的组成部分。所有相关实体构成一个粒度渐变的层次组合结构，高层实体粒度大，低层实体粒度小，如机步师比机步团的粒度大。在结构图中，每个节点表示一个或多个相同粒度的实体实例，它（们）由下级实体组成，同时又是上级实体的组成元素。一般形式如图 2-7 所示。

在实体组合结构图中，"数量"表示相应实体类的实例数。顶层实体的数量可以省略，表示作战仿真概念模型所描述的该类实体的实例数不确定；在其他低层所给出的"数量"表示每个上层实体实例所包含该层实体实例的个数。

4. 状态标识

1）状态的概念

状态是实体所具有的内部和外部形态与特征。在作战仿真模型中，通过跟

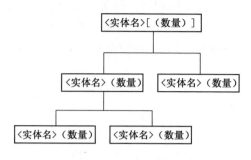

图 2-7　实体组合结构

踪实体的一组状态变量或称状态向量来模拟实体的产生、变化和消亡的过程。例如,一支作战部队(原有实体)可用其所含人员、装备的类型、数量和质量等状态变量予以描述。当它从中派出一支执行特定任务的小分队时,则诞生了"小分队"这一实体(派生实体),并有相应的状态变量值表征"小分队"的存在,"派出"行为也会导致原有实体的状态向量发生变化。在战斗过程中,原有实体和派生实体都将随着人员和装备的补充而增加相应状态变量的值,随着人员和装备的损伤而减少相应状态变量的值,当某些重要状态变量的值低于相应的阈值时,则标志着实体的消亡。

事实上,系统仿真的过程可用系统中各实体状态随时间的变化来表征。因此,实体及实体状态向量的选取和表达是系统仿真的前提,也是概念模型需要描述的最重要和最基本的内容。在 FWS-CTF 中,实体状态将映射成对象模型中的对象属性,然而实体状态不是对象属性的全部,状态只是从实际作战系统获取的部分属性。

一般而言,作战仿真概念模型需要描述的动态实体状态主要包括以下几个方面。

① 实体标识:实体名称。

② 实体类型:按照级别、功能、特征等进行区分的分类属性。

③ 实体实力:人员、装备数、质量信息。

④ 实体任务:描述实体执行的任务和程度。

⑤ 空间属性:实体所处空间的位置和实体大小。

⑥ 运动属性:实体运动特性的指标。

对于静态实体,主要描述其影响动态实体状态和功能发挥的因素,如地形、地物等自然环境要素。

2)实体状态的确定

实体是客观存在的,实体的状态也具有客观性。然而,实体及其状态的选取和表达是主观的,状态向量的选择取决于实体表达者的目的、兴趣以及对问题空间的认识和理解程度。对于同一实体,不同的人可能用不同的状态向量描述。下面给出确定实体状态的一般原则。

（1）状态是描述分类结构中实体的数据单元,即按照实体分类结构考虑概念模型对实体状态的需求。这里暂且不考虑实体的组合结构。

（2）从仿真应用的目的出发,对分类结构中的所有实体逐一考虑仿真模型需要描述和记忆的特征量。很显然,对于同一个实体而言,仿真目的不同,则需要不同的状态向量。把选取的每个特征量附加到它最直接描述的实体上去。通常这种对应关系是相当直接的,而特征量的选取需要加以仔细斟酌。

（3）尽可能地在复合状态概念的层次上标识状态变量。复合状态是与简单状态相对应的一个概念,简单状态是指仅含一个分量的状态数据单元,如作战部队的人数;复合状态是指含有两个或多个分量的状态数据单元,如作战部队的地理位置(经度和纬度)。复合状态数据单元必须是对现实世界有意义的抽象,有人们共同认可的名称,如地理位置有人们公认的内涵:经度和纬度或 X、Y 坐标。如果将经度、纬度和人数构造成一个复合数据单元,则难以给出一个恰当的名称,这样做的结果将令人难以理解。在确定实体状态时,采用复合状态有助于简化概念模型的表达,增强人们对问题空间及其信息模型的可理解性。

（4）利用分类结构中的继承机制确定状态变量的位置。如果有通用的和特殊的状态变量,将通用的状态变量放在结构的高层,特殊的放在低层。如果某个状态变量适用于大多数的低层实体,可将它放在具有通用性的高层,然后在不需要的低层描述中把它舍弃,这样可以避免多继承的复杂结构。多继承是某些 OOP 语言(如 C++)所具有的能力,它意味着一个类可以继承多个父类属性和方法,这种编程机制对提取共性和最大可能地复用代码提供了基础。但是,网状结构将使模型复杂化,使问题空间的结构更难以理解。在构建概念模型阶段,首先关心的是问题空间的准确描述以及概念模型的可理解、可交流性。为此,可用单一继承来捕捉实体类的共性,并允许在高层说明通用和准通用的状态变量,然后在不需要某个属性的低层实体类上将其覆盖掉,以此获得一个简练而清晰的概念模型。

（5）重新考虑实体及其分类结构的合理性,进行必要的补充与修订。随着实体状态变量的不断增加,可能需要重新修订一些实体和分类结构,主要检查以下几个方面。

① 带有"非法"值的状态变量。如果某个状态变量不适合所描述实体类的所有实例,那么应考虑是否增加一个分类结构。

② 单个状态变量。如果某个实体只有一个状态变量,那么应考虑将该实体

合并到它所在组合结构中的上一级实体。为了控制模型的复杂度,不宜将单个属性作为一个实体;否则,模型将因实体退化为属性抽象而膨胀和令人难以把握。例如,对于"人员"实体,经分析如果只需要描述它的"人数"这一状态变量,而在组合结构中"人员"实体是"作战部队"实体的组成部分,故应考虑取消"人员"实体,并将描述它的"人数"状态变量作为"作战部队"实体的状态变量。

③ 状态变量的冗余。如果一个实体的某个状态变量是多值变量(可取不同的值),即与特定条件下的实体没有严格的对应关系,则应考虑转移这一状态变量的描述,也可能意味着需要增加新的实体。

3) 状态的标注

在实体标识和结构标识中确定的实体及其分类结构是状态标注的基础,用标注实体的"目"字框代替分类结构中的各个节点就构成了状态标注的基本框架,图 2-8 给出了状态标注的一般形式。

图中父类状态向量:(<状态 01>,<状态 02>,…,<状态 0n>)是子类的共有部分;状态向量(<状态 11>,<状态 12>,…,<状态 1m>)是子类实体 1 在继承父类状态向量的基础上特有的部分;在子类实体 2 中,符号"×"表示不继承父类的部分,其他为自己特有的部分。

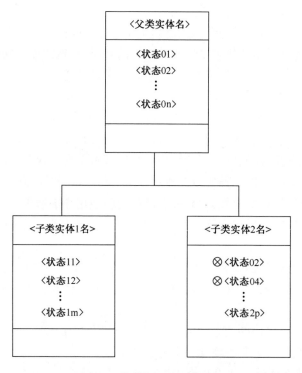

图 2-8　状态标注的一般形式

5. 行为标识

1）行为的概念

状态是对作战系统某一特定时刻的静态表示,仿真过程则是在特定的时间区间内获取离散的或连续的时间点所对应的状态序列的过程,而实体行为正是这些状态转移的真正动因和根据,是作战仿真模型必须量化描述的最重要的内容之一。

行为定义为实体状态的变化过程,因此对行为的描述实质上是对实体状态变化过程的描述。这里状态的变化可能是渐变的,也可能是突变的;可能是连续的,也可能是离散的。在实际作战系统中,实体行为具有多样性,如有物理行为、心理行为、社会行为、纯信息行为等,那么在构建作战仿真模型时,需要描述哪些行为呢? 为了回答第一个问题,这里首先定义有效行为和无效行为两个概念。

① 有效行为:在问题空间内,能够对状态标识中确定的状态向量产生影响的行为。

② 无效行为:这种行为在实际系统中是客观存在的,然而它对状态标识中确定的状态向量不产生任何影响,所以在建模时无须考虑。

实体状态和实体行为是实体描述的两个重要侧面,前者描述了实体的静态特征,后者描述了实体的动态机理;前者是后者的前提,同时又是后者的结果。在概念模型的构建过程中,应根据实体状态的需要运用抽象的手段提取问题空间内应该描述的有效行为。显然,有效行为和无效行为的界限将随着实体状态向量的修改而变化。

在完成行为的有效性分析和选择后,还需要确定行为描述的粗细程度,在作战仿真概念模型中,主要考虑两种粒度的行为,即作业和动作。

① 作业:一项作业定义为执行一个具体的作战命令的过程,是具有明确作战意图的军事行动,它由实体的一个或多个动作构成。

② 动作:动作定义为作业实施过程中的步骤或工序,是最小的、不再细分的行为概念。

2）作业确定方法

站在信息论和控制论的角度来看,作战系统的运行过程是一种在信息机制作用下的实体行为过程,即作战实体的任何一项作业都离不开信息的作用。一般来说,一切作战实体的军事行动都是受命而为。尽管自主的军事行动也是存在的,然而这也是受命而为之中的自主行为,它的产生只能限定在一定的范围之内,并处于特殊情况之下,如失去与上级的联系。因此,作战命令与实体作业有着直接的联系,图 2-9 给出了信息作用下的作战指挥与控制过程。

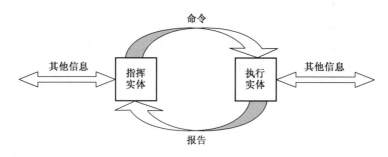

图 2-9　实体指挥与控制过程

图中：

命令是指挥实体给执行实体下达的作战命令或指示,它影响执行实体的行为,是一个指挥控制过程。

报告是执行实体给指挥实体上报的战场情况或命令执行情况和结果,它影响指挥实体的行为,是一个信息反馈过程。

根据上述分析,给出以下实体作业的确定方法。

(1) 确定指挥实体和执行实体。按照实体的组合结构,将正在考虑的实体 E 及其所有下级实体作为执行实体;将实体 E 之上的所有实体作为指挥实体。

(2) 分析指挥实体对执行实体下达的所有可能的作战命令,让每一条作战命令对应一项实体作业(任务)。

3) 作业标注方法

按照实体的分类结构标注每个实体类所有可能的作业。其一般形式如图 2-10 所示。

4) 动作确定准则

一项作业由若干个实体动作构成,动作是作战实体按照作战命令而进行的自主行为。在实际作战过程中,所有作战实体几乎都在不停地进行着各种各样的动作。那么,在仿真模型中,应该如何划分实体动作呢? 任何一项仿真应用都有其特定的目的,是否能实现预定的仿真目的则需要一组评价指标来衡量。在作战仿真系统中,无论是训练仿真还是各种分析评价仿真,其最终效果(如指挥效能、武器效能、战术效果等)都是用仿真过程中或结束时的各种实体状态作为分析仿真结果的依据。所以,实体状态既是仿真过程所必需的,又直接或间接地用于衡量仿真的结果和目的。由此可见,实体状态的演化是仿真的本质,而实体动作作为实体状态演化的动因,必须正确反映状态变化的因果关系。据此可以给出构建作战仿真概念模型时,确定实体动作的准则。

(1) 作业是一个相对完整和独立的实体行为过程,它具有时间上的连续性。

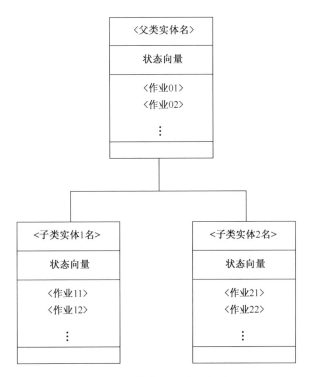

图 2-10　实体作业标注一般形式

因此,实体动作与动作的衔接也是连续的,在对实体行为进行描述时,理论上不应留有时间间隙。在某一段时间内,如果实体状态不发生任何变化,则称为静止,这是一种特殊的动作,在作战仿真模型中通常需要描述这种时间空耗的过程。

(2) 根据所观测实体状态的时间分辨率要求,把具有相同作用机理和具有特定的状态变化规律的实体行为过程作为一个实体动作。

(3) 实体动作应该是具有实际意义的、人们公认的行为片段。例如,在聚合级作战仿真模型中,可将"弹药供应"作业划分为下列动作:组建一支供应分队、机动到弹药库、装载弹药、向目的地机动、卸载、机动返回。

(4) 描述直接或间接影响实体自身状态的动作,如作战实体的"机动"只改变自身的空间状态信息。

(5) 描述直接或间接影响其他实体状态的动作,如作战实体的"射击"将影响双方实体的实力状态信息。

(6) 描述直接或间接地影响或触发另一个有效行为的动作。例如,指挥实体"发出某个作战命令",有可能使接收命令的实体中止一项作业而实施一项新的作业。

（7）如果实体动作与前面确定的实体状态或有效行为无关,则该动作称为无效动作,在概念模型中无须描述。

5）动作标注方法

动作的标注以前面确定的实体作业为基础,针对每一作业用流程图进行描述。一般描述形式如图 2-11 所示。

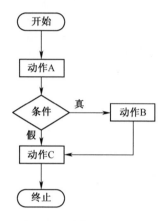

图 2-11　动作标注流程图

图元符号包括:

起始或终止　　　　　　　　　　必需动作

条件分支　　　　　　　　　　　可选动作

6. 交互标识

1）交互的概念

在作战仿真系统中,行为的本质作用在于对实体状态的影响,这种影响通常是多方面的,即存在多种影响因素。这里把一组具有特定含义且相互关联的影响因素称为一个交互。在作战仿真模型中,需要将每一个影响因素量化成一个交互参数,以便根据这组交互参数计算实体之间的相互作用和影响。

行为是实体自身状态的变化过程,交互则是触发实体状态变化的外部因素。行为和交互密不可分,它们之间的关系表现在以下两个方面:首先,交互是一个实体施加于另一个实体的影响因素,因此它是且仅仅是实体行为的外部触发条件,实体的行为过程将决定于实体所处的状态和内部作用机理;另一方面,在实体行为过程中,该实体也将不断地对其他相关实体施加影响,即向其他实体发出交互,因此交互又是行为的结果。

交互是由一个实体产生的作用于另一个实体的一组影响因素,这里把主动产生并对其他实体施加影响的实体称为触发实体,接收交互并受交互影响的实体称为接收实体。任何实体行为都是在特定的时间、空间和周围环境中发生的，触发实体必然与周围的其他实体存在着各种各样的联系，如物理的、化学的、生物的、心理的和社会的等。伴随着行为，触发实体与接收实体之间将有物质流、能量流和信息流的产生与转移，并导致实体状态的变化、激发新的行为和交互。根据交互对实体影响的性质，将交互分为以下两种。

① 物理交互：对物理作用的量化描述，如"炮击"交互由若干毁伤效果参数构成。

② 信息交互：对指挥控制信息和反馈信息的量化描述，如上级给作战实体下达的作战命令、作战实体给上级的战况报告。

作战仿真模型对这两种交互的处理模式具有一致性，即

① 触发实体发出一个交互。

② 接收实体接收这一交互。

③ 接收实体根据该交互参数计算触发实体对接收实体的影响。

2）交互的确定

由于任何一个交互都是伴随着实体行为过程而产生的，因此进行交互辨识时，可遵循下列原则。

（1）以每项作业及其包含的动作为线索进行分析。

（2）考虑每个动作的开始和结束，看有没有影响其他实体的因素，或有没有其他实体需要感知的因素。如果有，则需要将这些因素予以量化，构成一组交互参数。

（3）考虑每个动作的全过程，看有没有持续影响其他实体的因素，或有没有其他实体需要持续感知的因素。如果有，则需要将这些因素予以量化，构成一组交互参数。在仿真模型中，这种交互需要按照一定的时间间隔定时传输。

（4）上述的影响因素和感知因素既可能是物理的，也可能是信息的，或二者兼而有之。

信息在作战系统中具有不可替代的作用，作战实体的任何一项作业都离不开信息的作用，即便是一个孤立的作战实体也要根据战场信息，决定自己的行动。假如切断所有作战实体的信息联系，那么作战过程将无法延续。因此，在作战仿真模型中，需要描述大量的信息交互。信息交互的主要表现形式是作战文电，包括命令、指示、报告、通告等。

为了正确地分析信息交互作用，可将实际作战系统抽象为简单兵力结构和信息交互模式，如图 2-12 所示。

在所有战场信息中，作战文电起着至关重要的作用。可以说，一切作战实体的军事行动都是受命而为，而在命令执行过程中遇到的重要情况和命令执行结

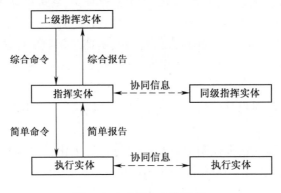

图 2-12　作战文电信息流

果也必须向上级汇报。因此,在概念模型分析阶段,首先考虑以下两种最具有实质性的作战文电:命令和报告。

从最高层指挥实体到执行实体的命令下达是一个将作战任务逐步细化的过程,从执行实体到最高层指挥实体的情况上报是一个将作战情况逐步综合的过程。在概念模型中,对作战命令和情况报告进行下列区分。

① 综合命令:上级指挥实体对下级指挥实体下达的作战命令。

② 简单命令:指挥实体对执行实体下达的作战命令。

③ 综合报告:下级指挥实体向上级指挥实体上报的情况报告。

④ 简单报告:执行实体向指挥实体上报的情况报告。

综合命令和综合报告是指挥实体与指挥实体之间来往的作战文电,如"弹药保障方案报告",其形式较复杂(如含有文字、数字、表格等)且内容较多。在FWS 中,对每个指挥实体将构造一个指挥控制平台(联邦成员),在指挥人员的参与下理解、拟制和收发这些综合文书;对于每个作战武器平台或一支作战部队将独立构造一个兵力行动仿真模型(联邦成员)。简单命令和简单报告便于这些仿真模型进行自动识别、处理和生成,如"命令你部于 18 日 9 时 30 分前给 2号高炮阵地运送 100mm 高射炮弹 1.2 个基数"。

3) 交互的标注

在实际作战系统中,对于任何一个交互而言,必然存在一个该交互的发出者,存在一个或多个该交互的接收者。因此,在作战仿真模型中,对交互发出者的描述也是唯一确定的;然而,交互的接收者有时是明确的(由交互参数指定),有时则是隐含的(交互参数中不描述该交互的接收者)。所以,任何一个交互与它的发出者具有严格的对应关系,交互的标注可根据实体的分类结构并依附于发出该交互的实体来实施。图 2-13 给出了交互标注的一般形式。

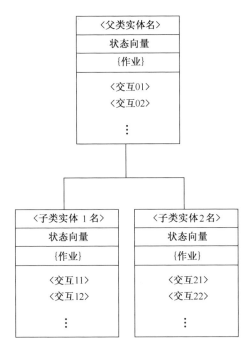

图 2-13 交互标注的一般形式

2.1.4 概念模型模板

概念模型模板(conceptual model template,CMT)对 FWS 系统分析阶段所产生的各种结果提供了集中的和规范化的描述方法。为了便于实现从概念模型(CM)到对象模型(OM)的转换,CMT 用近似于关系数据模型的二维表描述 CM 标识中的任务、实体、结构、状态、行为和交互。

CMT 由任务空间数据表、实体分类结构表、实体组合结构表、实体状态数据表、实体作业数据表、实体动作数据表、物理交互数据表和信息交互数据表构成。

1. 任务空间数据表

1) 表样

任务空间数据表举例如表 2-7 所列。

表 2-7 任务空间数据表示例

空间分量	分量定义	取值范围
作战等级		
部队类型		
参战部队		

（续）

空间分量	分量定义	取值范围
分辨率		
作战地区		
作战目的		
作战方式		
作战时间		
作战阶段		
⋮		

2）说明

（1）作战任务空间数据表旨在定义问题域，增强人们对概念模型的理解。

（2）不同的作战仿真应用和仿真模型所需要的空间维数和内容也不尽相同。

（3）"空间分量"列描述每一维坐标的名称。

（4）"分量定义"列描述每一维坐标的内涵。

（5）"取值范围"列描述每一维坐标的取值范围，用文字和/或数值进行说明。

2. 实体分类结构表

1）表样

作战实体分类结构表举例如表 2-8 所列。

表 2-8　作战实体分类结构表示例

根节点	二级节点	三级节点		
陆军	机步部队			
	摩步部队			
	装甲部队			
	高炮部队			
	地炮部队			
	保障部队			
海军				
空军				

2）说明

（1）该表用于描述抽象的实体类之间的类属关系。

（2）该表应不重不漏地包括在问题空间内确定的所有实体类型。

（3）表的左边为高层实体类，右边为低层实体类。

3. 实体组合结构表

1）表样

作战实体组合结构表举例如表 2-9 所列。

表 2-9　作战实体组合结构表示例

根节点	二级节点	三级节点		
机步师	机步团（3）			
	高炮团（1）			
	修理营（1）			
摩步师				
⋮				

2）说明

（1）该表用于描述具体的实体之间的部分与整体组合关系。

（2）该表应包括在问题空间内所有可能出现的聚变和裂变实体。

（3）对任何一个实体而言，它既是由其右边的实体组成的一个整体；又是其左边实体的一个组成部分。

4. 实体状态数据表

1）表样

作战实体状态数据表举例如表 2-10 所列。

表 2-10　作战实体状态数据表示例

实体类	状态	量化说明
陆军	红蓝方	1—红方　2—蓝方
	部队类型	1—机步　2—摩步 3—装甲　4—高炮 5—地炮　6—保障
	级别	1—军　2—师　3—旅 4—团　5—营
	人数	
	地理坐标 X	直角坐标，单位为 m
	地理坐标 Y	直角坐标，单位为 m
	⋮	
陆军.高炮部队	37mm 高炮数	
	57mm 高炮数	
	100mm 高炮数	
	⋮	

2）说明

（1）该表的内容描述按实体分类结构进行。

（2）"实体类"列填注欲描述的实体类。如果实体类为根节点，则直接填注；否则，用"."符号说明其所属高层实体类，如表 2-10 中的"陆军.高炮部队"。

（3）"状态"列填注左边实体的状态。对于实体分类结构中的非叶子节点上的实体描述其所有下属实体类的通用状态变量，对于叶子节点上的实体只描述其特有的状态。

（4）"量化说明"列描述对应"状态"列的含义、取值范围和计量单位等。

5. 实体作业数据表

1）表样

作战实体作业数据表举例如表 2-11 所列。

表 2-11　作战实体作业数据表示例

执行实体	作业名称	启动条件	结束条件
抢修分队	前出抢修	接收命令后	①抢修完毕 ②到达预定时间 ③接收新的命令
⋮			

2）说明

作业名称对应于一条简单命令。

6. 实体动作数据表

1）表样

作战实体动作数据表如表 2-12 所列。

表 2-12　作战实体动作数据表示例

作业名称	动作名称	执行实体	相关实体	物理交互	信息交互
前出抢修	机动	抢修分队			①机动开始报告 ②机动受阻报告 ③机动到达报告
	故障诊断	抢修分队	炮兵或装甲分队		①装备损伤报告 ②请求支援报告
	修理	抢修分队	炮兵或装甲分队	修理	修理结果报告
	返回	抢修分队			①开始返回报告 ②机动受阻报告 ③分队归建报告
⋮					

2）说明

表中"物理交互"和"信息交互"列描述的均为执行实体直接产生的交互。在作战实体执行各种动作过程中,随时可能接收外部交互(如上级命令、敌人袭击等),由此影响实体行为,并产生新的物理交互和信息交互。如在遭到对方火力袭击时,可能需要产生"机动受阻报告"和"损伤报告"。

7. 物理交互数据表

物理交互数据表举例如表 2-13 所列。

表 2-13　物理交互数据表示例

物理交互名称	触发实体	接收实体	交互参数
修理结果	修理分队	炮兵分队	火炮代码、数量
弹药供应	供应分队	炮兵分队	弹药代码、数量
⋮			

8. 信息交互数据表

1）表样

(1) 作战命令数据表举例如表 2-14 所列。

表 2-14　作战命令数据表示例

命令名称	命 令 正 文
部署	命令你部于×时前,在×地集结
机动	命令你部于×时前,沿×路线,到达×地
补充弹药	命令你部于×时前,沿×路线,给×单位,补充×种弹药×发、补充×种弹药×发……
⋮	

情况报告数据表举例如表 2-15 所列。

表 2-15　情况报告数据表示例

报告名称	报 告 正 文
开始机动	我部已于×时,实施×种[徒步/摩托化/铁路]机动
损伤报告	我部于×时,遭敌×种火力袭击,伤亡×人,火炮损坏×门
补充弹药完毕	我部已于×时,完成弹药补充任务
⋮	

2）说明

这里只列出与执行实体仿真模型紧密相关的简单命令和报告。

表中的"×"符号是对命令和报告量化处理的部分。

2.2　对象模型设计

概念模型从作战任务空间出发提出了问题域信息模型,其中描述的六类要素都是直接对实际作战系统的六个不同侧面所进行的抽象。对象模型则是在概念模型的基础上,按照 FWS 执行模型的需要构建的实现域信息模型,它不仅需要从概念模型进行二次抽象,而且需要扩充实现域特有的内容。因此,对象模型是通过对概念模型的转换与扩展而获得的,它为 FWS 执行模型的程序设计提供基础。

2.2.1　对象模型的概念

"对象"一词来自于面向对象的程序设计（object-oriented programming,OOP）技术,其标准的内涵包括属性和方法两部分。然而,FWS-CTF 中的对象模型扩展了对象的含义,即允许对象只包含属性而没有相应的方法。这里把基于扩展对象概念的作战仿真模型设计方法称为"准面向对象设计方法",把基于扩展对象概念描述的作战仿真信息模型仍然称为"对象模型"（OM）。在 FWS-CTF 中,按照 OM 的作用将其分为以下三类。

① 成员对象模型（member object model, MOM）:每个联邦成员对应建立一个 MOM,描述联邦成员的数据输入、处理和输出。

② 联邦对象模型（FOM）:每个联邦对应建立一个 FOM,描述所有联邦成员之间的交互数据。

③ 管理对象模型（administration object model, AOM）:对联邦运行进行管理。

在联邦开发过程中,必须根据不同的仿真需要对 MOM 和 FOM 进行专门设计,而 AOM 是一次设计重复使用的通用构件。因此,本书讨论的对象模型技术主要用于 MOM 和 FOM 的表达,同时也适于构建 AOM。

1. 准面向对象设计方法

基于"准面向对象设计方法"建立的对象模型（OM）并不完全等同于用标准的面向对象技术建立的对象模型（object-oriented object models,OOM）,但是这种差别并不排除 OOM 的使用。OM 与 OOM 的主要差别如下。

（1）尽管 OM 同时包含了标准的 OOM 中静态要素和动态要素,但 OM 中对象类只包含 OOM 中的静态要素(即属性部分);OOM 中的动态部分(即对象操作(或方法)),用 OM 中的交互类予以描述。即在 OM 中,标准对象中的属性和方法是分别进行描述的。

(2) OM 中的属性共享描述主要是由公布和预订仿真模型中的对象类来实现的,而不只是靠 OOM 中的基于分类结构的继承机制实现。

(3) 更新 OM 对象属性的操作可以由分布于联邦中的不同联邦成员来完成,而更新 OOM 对象属性的操作只能由对象类内部提供的方法来实现。

(4) 当联邦成员对某个对象类进行实例化操作时,它首先拥有该对象实例的所有属性。然而,一个联邦成员所拥有的对象属性所有权在联邦执行中可以转移给其他联邦成员。当多个联邦成员拥有同一个对象的不同属性时,维护该对象状态的职责分布于整个联邦。而在标准的 OOM 对象中,对象属性被局部地封装起来,只能由该对象内部的方法进行操作。

(5) OM 设计并非单纯地为了后续的软件开发,其主要目的在于从整体上考虑联邦和联邦成员的状态与交互——联邦设计;而 OOM 主要用于实现阶段的程序设计。因此,OM 通常不像 OOM 那样包含大量的实现细节。

2. 成员对象模型(MOM)

MOM 是为每个联邦成员的设计而构建的一种信息模型,它主要描述联邦成员的外部行为特征及其内部的处理能力,提供同外部相互作用的对象和交互的描述。MOM 描述的主要内容如下。

① 对象类:表达联邦成员中参与交互的实体。

② 交互类:表达交互实体之间的相互作用和影响。

③ 对象类属性:表达实体状态。

④ 交互类参数:表达实体相互影响的相关参数。

其中,每个对象类都有一组与其相关联的属性,每个属性都是对象状态中的一个相对独立的、可辨识的部分。某一特定对象的一组属性值完整地确定了该对象的状态。联邦成员使用对象属性作为通信的基本方式之一。在某一特定的时刻,只有一个联邦成员负责模拟对象的某个属性,并在联邦执行中借助 RTI 服务向其他联邦成员提供该属性的值。在联邦执行过程中,只有唯一的一个联邦成员拥有更新某个属性值的权利,这种权力借助 RTI 服务可以在联邦成员之间进行转移。

交互是一个对象施加于另一个对象的外部影响。交互类的描述需要详细说明:①不同对象类之间交互的类型;②受影响的对象属性;③交互参数。交互是联邦成员之间进行通信的另一种基本方式,联邦成员借助交互参数计算仿真实体之间的相互作用和影响。

3. 联邦对象模型(FOM)

在联邦开发过程中,必须让所有联邦成员对它们之间所交换的数据有一个共同的理解,FOM 则是描述这些交换数据的工具。每个联邦对应建立一个FOM,用于定义联邦成员之间通过 RTI 进行的公共数据交换。构建 FOM 的基本目的是以通用的、标准化的格式提供一套所有公共数据交换的描述规范。

公共数据的内容包括以下几项。

(1) 所有公共对象类及其属性。

(2) 所有公共对象类之间的交互类及其相关参数。

(3) 附加描述信息,包括对象组合结构、相互关系和 FOM 的一般性描述信息,如名称、类别、应用领域、目的、修改日期、开发者、运行所需软硬件环境和VV&A 信息等。

这些内容构成了一个完整的交换数据协议,这是保证联邦成员互操作性的必要条件(不是充分条件)。

4. 管理对象模型(AOM)

AOM 的类、属性和参数是事先定义的,它适合任何一个联邦的通用对象模型,用于实现对整个联邦的运行控制和状态查询。

AOM 由对象类和交互类构成。

① 对象类,包括联邦管理对象类、联邦成员管理对象类和运行时基础支撑构件(RTI)管理对象类。

② 交互类,包括联邦管理交互类和联邦成员管理交互类。

AOM 使用 RTI 提供的数据交换机制对联邦进行管理,主要功能包括以下几项。

① 联邦成员对象属性的更新管理。

② 联邦运行异常处理。

③ 仿真时间同步控制。

④ 联邦和联邦成员状态查询。

2.2.2 对象模型描述规则

FWS-CTF 的总体目标是支持各类仿真器、仿真系统的互操作和重用。为此,不同的联邦成员必须按照特定的相容性规则进行设计,从系统结构上保障它们之间的互操作性。

OM 包括 MOM、FOM 和 AOM,其中 AOM 是预先设计好的通用构件。因此,本节的讨论只限于 MOM 和 FOM。

1. MOM 构建规则

规则 1:每个联邦成员对应建立一个成员对象模型(MOM),MOM 必须按

照对象模型模板(OMT)进行描述。

联邦成员是参与联邦的仿真(一种在时间上实现模型运行的方法)或其他子系统(包括仿真管理器、真实系统接口以及联邦监控平台等)。开发和维护具有可重用性的信息描述模型是仿真开发者的首要任务,CTF 要求按照 OMT 的描述格式对每个联邦成员建立一个 MOM,描述它的内部处理和外部交互能力,以便支持联邦成员级的互操作性和重用性。

MOM 应重点描述联邦成员最具本质性的外部特征(公用的对象、属性和交互),以便确定联邦成员可用于其他联邦应用的能力。虽然潜在用户所需要的完整信息可能超过 MOM 提供的内容,但是按照重用性要求建立的 MOM 能使用户更容易判断它是否适用于特定的应用。

规则 2:联邦成员能够更新和/或反映 MOM 所描述对象的任何属性,能够发送和/或接收 MOM 所描述对象的任何外部交互。

CTF 允许联邦成员将内部使用的对象和交互作为 FOM 的一部分,提供给其他联邦成员表达的对象,以实现不同联邦成员之间的相互作用和影响。这些外部交互能力将描述在联邦成员的 MOM 中,包括对外发送联邦成员内部更新的属性值和接收其他联邦成员更新的属性值;触发联邦成员对外部产生影响的交互,感知或反映来自其他联邦成员的交互。通过对联邦成员内部的对象、属性、交互进行外部设计,将使联邦成员具有较强的重用性。

规则 3:在联邦执行中,联邦成员应能够动态地转移和/或接受属性的所有权,这些特性应在 MOM 中予以描述。

CTF 允许不同的联邦成员拥有同一对象的不同属性,这种能力使得为某种目的设计的仿真和为另一种目的设计的仿真进行耦合,从而满足新的应用需求。联邦成员具有的对象属性所有权的转换和接受能力,为实现上述的耦合提供了条件。为此,所有能被联邦成员拥有或反映,转移或接受的对象、属性都需要在 MOM 中予以描述。

规则 4:联邦成员应能够改变它们所提供的对象属性更新条件(如阈值),这种能力应在 MOM 中说明。

CTF 允许一个联邦成员拥有另一个联邦成员描述的对象属性,即可以产生这些对象属性的更新,并能够通过 RTI 提供给其他联邦成员。在不同的联邦中,可以规定不同的更新条件。用途广泛的联邦成员对其输出的公共属性,应能够调节相应的输出条件,以满足不同联邦的需要。在联邦成员的 MOM 中,必须描述其中所有对象的属性更新条件。

规则 5:联邦成员应以恰当的方式管理本地时间,以保证能够与联邦中的其

他成员协调地进行数据交换。

CTF 旨在支持使用不同内部时间管理方法的联邦成员之间的互操作。为此,必须在 RTI 中开发一个统一的时间管理机制,不同类型的联邦成员被看作该统一时间管理机制的一个特例,只使用 RTI 全部时间管理功能的一个子集。联邦成员不需要显式地向 RTI 说明所采用的时间流控制方法(时间步长驱动、离散事件驱动、独立时间推进等),只是使用包括时间管理在内的各种 RTI 服务,来协调联邦成员之间的数据交换。

2. FOM 构建规则

规则 1:每一个联邦均对应建立一个联邦对象模型 FOM,并按对象模型模板(OMT)进行描述。

FOM 描述所有联邦成员之间运行时所交换的数据协议,包括公共对象类、公共交互类以及数据交换条件(如当属性值的变化超过某个阈值时产生属性更新事件)。因此,FOM 是联邦设计的核心内容,RTI 按照 FOM 进行数据的传输。为支持联邦级的重用性,FOM 必须按照 OMT 规定的格式进行规范化描述。

规则 2:在一个联邦中,所有公共的对象类和交互类均在 FOM 中描述,而非在运行时基础支撑构件 RTI 中描述。

CTF 的一个基本指导思想是将联邦成员的专用功能同底层起支撑作用的通用功能区分开。FOM 描述联邦成员之间的所有交换数据,RTI 提供类似于分布式操作系统的功能,支持联邦执行中的数据通信。所有对象的属性都属于联邦成员,而不属于 RTI,RTI 服务可以引用对象属性和交互参数,但不能对它们进行更改。

将联邦成员的各种专用功能同支持联邦运行的通用服务分离的好处:首先,RTI 提供一组基本的、可重用的服务,可以支持各种不同的联邦应用,这些服务具有协调和管理功能,如联邦运行管理、时间协调、数据分发等;其次,由于 RTI 具有广泛的适用性,不需要联邦设计者开发这些通用功能,因此可以提高构建 FWS 系统的效费比;最后,有助于各联邦成员集中表达用户的需求。

规则 3:在联邦运行中,联邦成员之间的所有数据交换都通过 RTI 进行。

在 FWS 中,参与联邦的每个联邦成员都必须声明自己欲获取哪些外部信息的需求和可以提供给其他联邦成员哪些内部信息的能力。各联邦成员借助 RTI 这一中间环节进行数据交换,其基本过程是:一个联邦成员将发生变化的对象属性或交互数据提交给 RTI,RTI 则通过一组接口函数将这些数据发送到指定的联邦成员,以进行相应的处理。RTI 是支持联邦数据交换和保证联邦不间断协调运行的基础。

在联邦执行时,联邦成员负责提供正确的、具有实际意义的数据;RTI 则根据联邦成员声明的具体要求(什么数据、传输可靠性、事件排序等),向声明使用这些数据的联邦成员进行发送。RTI 为 FOM 描述的联邦提供了一个共享数据的通用界面。在整个联邦执行的全过程都必须使用 RTI 服务,以保证在分布式应用(联邦执行)中进行协调的数据交换。如果联邦成员不借用 RTI 提供的通用服务功能实现数据共享,将破坏分布式应用的一致性。

规则 4:在联邦执行中,联邦成员按照对象接口规范与 RTI 进行交互。

CTF 应提供访问 RTI 服务的标准和规范,以支持联邦成员与 RTI 之间的接口。联邦成员使用这些标准接口与 RTI 交互。该接口规范描述联邦成员应如何与底层支撑构件进行交互。然而,由于该接口规范和 RTI 将用于具有不同数据交换特性的各种应用,它并不描述需要通过该接口进行交换的特定的对象数据。联邦成员之间的交换数据需求在 FOM 中定义。

联邦成员与 RTI 通过标准化的通用接口及相应的 API 进行通信,这种分离结构支持它们独立的开发和实现。也就是说,在联邦成员中,可以独立地开发或改进 RTI 的接口函数,而不需要考虑 RTI 的实现;RTI 的改进也可独立进行,而不需要考虑各联邦成员的开发。因此,在不同的联邦应用中,只要按照 FOM 模式规范化地描述各种交换数据,即可保证接口部分的重用性。

规则 5:在联邦执行中,对于任何一个给定时刻,对象实例的任何一个属性仅被一个联邦成员所拥有。

在实际系统中,一个实体(对象)的某些属性可能由其他的实体(对象)来决定。为了逼真地描述和模拟这种关系,CTF 允许不同的联邦成员拥有同一个对象的不同属性。这里,"拥有"的含义是负责计算和更新某个属性值。例如,联邦成员中作战实体的"任务"属性可能由指挥控制平台(另一联邦成员)决定。在具有聚合关系的仿真模型中,高层模型可能决定着低层模型所描述的仿真实体的某些属性,而对于它们共同拥有的属性,可能由低层模型描述的实体所拥有更合适,因为低层模型的仿真精度可能更高。为保证数据在整个联邦中的一致性,在任何时刻任何一个对象属性只允许被一个联邦成员所拥有(有权更新)。在联邦执行中,RTI 负责提供联邦成员之间转移属性所有权的方法。

2.2.3　对象模型模板

改善联邦成员之间的互操作性,促进仿真组件的重用性是 FWS-CTF 解决的核心问题。为支持 CTF 这一目标,本节给出了对象模型模板(OMT)技术规范,用于描述联邦和联邦成员所处理的所有对象类和交互类,相应地产生联邦对象模型(FOM)和成员对象模型(MOM)。

OMT 由一组相互关联的表格构成,其中一部分直接用于执行模型的设计,称为基本模板;另一部分是对基本模板的补充性说明,主要目的是便于联邦开发人员对 OM 的理解、管理和使用,称为扩展模板。

OMT 基本模板包括以下内容。

① 对象类结构表:描述对象分类结构中的子类与超类关系。

② 对象交互表:记录不同对象类之间可能发生的交互类型,包括受影响的对象属性和交互参数;同时也描述了这些交互类的分类结构。

③ 属性/参数表:描述对象类结构表中出现的所有对象类的属性,描述对象交互表中出现的所有交互类的参数。

④ MOM/FOM 词典:定义上述表格中出现的所有术语。

1. 对象类结构表

1) 目的及原理

MOM 和 FOM 都包含若干对象类,OMT 中的对象类结构表则用于描述这些对象类的类属关系。对象类是具有某些特性、行为、关系和通用语义的对象集。类中每个单独的对象称为该类的成员或实例。OM 的类名必须由 ASCII 字符集定义,而且必须是全局唯一的:在类结构表中没有相同的类名。然而,一个类名可以是另一个类名的子串,以表明类与类之间的所属关系。

类结构用对象类之间的层次关系来描述。直接超类与子类的关系由对象类结构表相邻列中的相关类名来表示。非直接超类与子类的关系由直接关系的传递性导出:如果 A 是 B 的(直接)超类,且 B 是 C 的(直接)超类,则 A 是 C 的一个(导出或间接)超类。超类和子类在这些关系中扮演着相反的角色:如果 A 是 B 的超类,则 B 是 A 的子类。

子类可以认为是它的直接超类的特化或细化。子类总是继承其直接超类的特性(属性和交互),并且可以具有额外的特性以提供必要的特化。这种对象类关系可以用实例的所属关系予以定义:若类 B 的每个实例也都是类 A 的实例,则类 A 是类 B 的超类。在这一概念下,将实例区分为两种,即导出实例和显式声明的实例。一旦对象显式地声明为某个对象类的实例,它便成为该类所有超类的一个隐式的(或导出的)实例。例如,若类 59-TANK 是 TANK 的子类;那么 59-TANK 的实例将是 TANK 的一个导出实例。

如果一个类在结构中不存在超类,则该类是一个根。如果一个类在结构中不存在子类,则该类是一个叶子。如果每个类至多有一个直接超类,那么该类结构被称为具有单继承性,将形成一棵树或一个森林(多棵树),这取决于有一个根还是有多个根。如果某些类有多于一个的直接超类,那么该类结构被称为具有多继承性。CTF 要求对象类层次由单继承(没有多继承)来表达。对象的各对象名有多个根,以避免多继承导致的二义性。CTF 也允许使用扁平结构(无子类)来描述对象类,此时的对象类都各自独立,不存在继承关系。

对象分类结构为联邦成员提供了一种预订具有共同特性的所有对象实例信息的方法。一般来说,参与联邦执行的联邦成员可以在类层次结构的任何一级上预订对象类。通过预订指定对象类的所需属性,联邦成员可以确保接收到这些属性的所有更新值,如一个联邦成员可以分别预订所有 A 型坦克、B 型战斗机或 C 种作战部队的某些属性。

上述的讨论同样适用于交互类。类本质上描述了仿真对象的属性与交互特性的种类,因为它们的定义是与对象类相关的,不是唯一地与单个的实例相关。RTI 的基本服务支持联邦成员预订对象类及其属性的操作,为此需要向 RTI 提供这些对象类、属性和交互的信息,以便通过类向联邦执行中的联邦成员分发对象信息。

当联邦成员需要预订超类信息时,如所有坦克甚至所有地面车辆,与采用扁平分类结构相比,采用类层次结构能简化类信息的预订。对象模型接口规范支持预订对象类层次结构中的任何对象属性,使联邦成员能够容易预订所有或感兴趣的那些类。由于在对象分类结构中,多个子类共同的属性将置于其共同的超类下描述,故采用对象类层次结构有助于简化属性的描述。所以,在一个联邦执行中,借助类层次结构能对联邦成员感兴趣的对象和属性进行简化处理。

对象类层次结构的这种简化处理功能也可以扩展到交互类。对象类层次结构支持在多级交互对象类上对交互建模,即类中的对象可以继承其超类的交互。例如,武器射击交互可以说明为平台类中的任何两个对象的单一关系,而不是对每一特定的平台子类对描述为一个独立的交互类型。所以,对象类层次结构能够详细描述交互层次结构,并允许联邦成员在感兴趣的级别上预订交互。

2）表的格式

表 2-16 为对象类结构表的格式。

表 2-16　对象类结构表的格式

对象类结构表			
<对象类><PS>	[<对象类><PS>]	[<对象类><PS>]	……<ref>
		[<对象类><PS>]	……<ref>
		……	……<ref>
	[<对象类><PS>]	<对象类>PS>	……<ref>
		<对象类>PS>	……<ref>
		……	……<ref>
	……	……	……<ref>
		……	……<ref>

（续）

对象类结构表			
<对象类><PS>	［<对象类><PS>］	［<对象类><PS>］	……<ref>
	……	……	……<ref>
……	……	……	……<ref>

上述的对象类结构模板提供了表达子类–超类层次结构的格式。在最左边的一列描述最一般的对象类,紧跟着在下一列是它们的所有子类,然后是再下一级的子类,最特殊化的对象类列举在最右边的一列。这里使用的中间列的个数取决于联邦的需要。当类层次结构太深时,如果一页放不下应在最后一列提供一个对续表的参考符号(<ref>)。每个对象类的子类必须放在它右边相邻的列中。

在对象类结构表中,每个对象类后面的<PS>用于标注联邦成员公布和预订该对象类的能力。联邦成员对于一个给定的对象类可区分为以下三种基本能力。

① 可公布的(publishable,P):表示指定的对象类可以被联邦成员使用 RTI 的 Publish Object Class 服务对外公布。这需要联邦成员能够使用该类名有意义地调用 RTI 的 Register Object 服务进行对象的注册操作。

② 可预订的(subscribable,S):表示联邦成员可能使用指定的对象类信息或对该对象类的属性变化做出反应。成为这种预订类仅需要一种最小的能力,即能够适当地响应 RTI 发现该对象类的消息(discover object)。

③ 不可公布的和不可预订的(neither publishable or subscribable,N):表示联邦成员对对象类既不公布也不预订。

尽管对象类应该由联邦中的联邦成员声明为可公布的或可预订的。然而,对于整个联邦而言,也需要把所有的对象类划分为可公布的或可预订的。因此,上述定义适用于 MOM 和 FOM 两类对象模型。可公布和可预订特性表明了联邦或联邦成员处理相关对象的能力。

一个联邦成员可以公布一个对象类的内涵是,只有当该联邦成员能够在某种程度上模拟该类对象的存在时,才能创建这些对象的实例。如果一个联邦成员仅能够通过 RTI 服务调用访问某些对象类的实例,不能表明联邦成员具有公布这些对象类的能力,因为任何一个联邦成员都能对任意一个对象类通过 RTI 服务调用进行访问。P 符号旨在描述联邦成员构建对象模型的内部能力,这与联邦成员所具有的共享对象信息的外部能力是有区别的。

一个联邦成员可以预订一个对象类的内涵是,只有当该联邦成员确实使用该类的实例时,RTI 才将这些对象实例通知该联邦成员。如果一个联邦成员总是忽略一个对象的实例化消息和属性更新,则该联邦成员不需要预订该对象类。S 符号旨在描述联邦成员共享对象信息的外部能力。

　　一个对象类可以同时具有或没有 P 和 S 特性。抽象类不对应于现实世界中的作战实体,实例化操作时不允许使用抽象类的名称显式地声明它的实例,因此抽象类不具有 P 特性。然而,抽象类通常有具体的子类,子类是可以被实例化的。抽象类可用于预订处理,这样可以简化其子类对象信息的预订。抽象类可以简化属性的描述,即在一个通用的抽象超类中说明多个对象类中的通用属性。

　　每个联邦成员必须在 MOM 的对象类结构表中用公布和预订的四种组合{P,S,PS,N}之一描述它的公布和预订能力。

　　① P 表示一个对象是可公布的而不可预订的。

　　② S 表示一个对象是可预订的而不可公布的。

　　③ PS 表示一个对象既可公布又可预订。

　　④ N 表示一个对象既不可公布又不可预订。

　　有时联邦成员在其 MOM 中可能定义某些抽象的对象类,它既不可公布又不可预订,其目的是用于简化某些交互的描述。有时抽象类的子类可能发出与其他对象类的交互,抽象类在定义这些交互时,为具体子类的分组提供了方便。例如,一个地面武器类 Ground_Weapon 是一个抽象类,它既不可公布又不可预订,但它为定义地–空交战交互(既可公布又可预订)提供了一个简便途径。没有这样一个抽象类,就不能简洁地定义地面武器类 Ground_Weapon 和飞机类 Air_Vehicle 之间的交互。

　　联邦的公布和预订能力与联邦成员相比略有差异,每当联邦支持对象类的公布时,它同时也支持对象类的预订。因为一个对象类只被公布,而不能被一个联邦成员预订,那么它就没有任何用途。所以,在 FOM 中,一个对象类的公布和预订组合有三种形式,即{S,PS,N},抽象类具有(S) 或 (N)特性,具体类具有(PS)特性。

　　3) 设计准则

　　在对象模型的设计中,联邦和联邦成员的对象类层次结构具有本质的差异。FOM 的对象类结构表描述的是各联邦成员为联邦执行而确定的公共对象协议;而 MOM 的对象类结构表给出了联邦成员对它所支持(公布或预订)的对象类的声明或公告。

　　就 FOM 的设计而言,对象类层次结构的建立应遵循相应的设计准则。很自然地,必须对每种参与联邦执行的公共对象建立一个类。在联邦执行中的任何时刻,被公布属性或交互的对象都被认为是参与联邦执行的公共对象。所以,应根据联邦感兴趣的构模对象及其属性和交互信息,确定联邦对象类结构表中的对象类。下面三条通用准则用于确定可放在 FOM 对象类层次结构中的对象类。

① 公布对象属性的类。

② 公布对象交互的类。

③ 在高层预订属性或交互的抽象类。

一个联邦成员公布的属性,在联邦执行中可以被其他联邦成员访问和使用。具有公共属性的对象类必须列在对象类结构表中,因为在联邦执行中,只要该对象类与另一个对象类相关联,RTI 就会产生该对象类的实例(对象)。发出和接收交互的对象类也必须在对象类结构表中描述。实际上,在联邦对象模型中,任何一个被外部引用的对象类,都必须包括在对象类层次结构表中。

在某些联邦应用中,有时由具体实体(如 A 型坦克)构成的单层对象类(如 A 型坦克类既是根节点又是叶子节点)完全能够满足某些联邦成员的预订需要。但是,如果某个或某些联邦成员想预订高层抽象对象(如所有型号的坦克)的信息,则需要建立高层的对象类(如坦克类)。为使联邦成员能够在所希望的抽象层上预订对象信息,那么在对象类结构表中就必须描述该抽象层的对象类。例如,如果一个特定的联邦成员不需要知道某些类型的坦克(B 型坦克),但需要知道另一些类型的坦克,如 C 型坦克和 D 型坦克,为满足这种需要,必须建立一个 C 型坦克和 D 型坦克的抽象类,如 C-D 型坦克类。

很显然,所有公共对象都需要建立一个相应的对象类,然而包含这些对象类的类层次结构有多种替代方案。在联邦开发过程中,应根据联邦成员预订的对象类信息,对这些类进行分层和分组。由于对象的分类必须满足联邦公布和预订的需要,而在参与联邦中联邦成员的 MOM 设计时,并不能清楚地知道整个联邦的这种需要,因此 FOM 中的对象类及其子类之间的关系一般都不是各联邦成员的 MOM 之间关系的子集。

2. 对象交互类表

1)目的及原理

交互用于描述一个对象对另一个对象的作用和影响,OMT 中的对象交互表集中地描述了联邦成员或整个联邦的所有外部交互。对象交互表包括下列描述项:交互类结构、触发交互的对象类、接收交互的对象类、交互影响的对象属性和交互参数。另外,在 MOM 中需要描述单个联邦成员对交互的触发、感知和反应能力。

OM 的交互类结构也是一种层次结构,它包含不同交互类之间的一般化和特殊化关系。例如,一个"交战"交互类可以特化为"空-地交战"和"海-空交战"等子交互类。所以,"交战"交互类是对具体的交战类型的概括。如果一个联邦或联邦成员不进行交互类的分层抽象,那么交互类结构将是扁平的,即包含一组不存在隶属关系的交互类。

OM 的交互类结构支持预订的继承性。当一个联邦成员使用 RTI 的 Subscribe Interaction Class 服务预订一个交互类以后,在联邦执行中该联邦成员将接收到下列交互的数据:①预订交互类的所有实例;②预订交互类子类的所有实例。例如,在上面列举的"交战"交互类中,如果一个联邦成员预订了"交战"交互类,它将接收到"空-地交战"交互类和"海-空交战"交互类的交互数据。FWS-CTF 仅支持抽象交互类的预订和预订的继承性,不支持抽象交互类的公布。

与具体交互类相关的对象类可以被指定为触发或接收交互的对象类。触发交互对象类是可以启动和发出交互的对象类,接收交互对象类是被动地受交互影响的对象类。如"交战"交互,主动开火的作战实体是触发交互对象,而受火力打击的作战实体为接收交互对象。然而,有的交互可能没有具体的接收对象类。例如,一个武器平台向一个地域而不是一个特定目标开火,武器平台所在的联邦成员向当前的联邦发出开火事件消息(含相关参数的交互)。此时,所有可能受该事件影响的对象(目标区域内的作战实体)所在的联邦成员都需要预订这一特定的交互类,并根据交互参数自行决定它们是否受到该交互的影响。因此,OMT 交互表中的接收对象栏目通常需要填注具体的对象类,而对于没有明确接收方的交互类,该栏目则为空白。无论在何种情况下,触发交互的对象类总是不可少的。在 MOM 中,对联邦成员可能接收的交互,虽然触发交互的对象类尚不明确,但却是可以想象的。

另外,存在一种具有对称性的交互,这种交互作用的主动方和被动方难以进行严格的区分,此时可随意指定一方为触发对象,另一方为接收对象。例如,两个运动中的车辆 A 和车辆 B 撞击在一起,则难以区分哪个是触发交互的对象,哪个是接收交互的对象。对这种交互中,允许任何一个对象(如车辆 A)被指定为交互的触发者,而另一个对象(车辆 B)为交互的接收者。

通常,交互会对相关对象的属性产生影响。然而,并非所有交互都影响对象类的属性。因此,对于每个交互类,应视情描述触发和接收对象类受影响的属性以及影响效果。一般来说,交互主要影响接收对象类的属性,直接或间接地引起属性值的变化。所有这些受影响的属性,不管是被直接改变还是间接地受到影响,均应在对象交互类表中予以描述。另外,在 OM 的描述中,可用［属性、属性、…］符号表示可能受到影响的属性,不用［　　］符号括起来的属性表示总是受到影响的属性,用注释说明可能的影响结果,并尽量提供这些影响的详细算法。

在 OMT 交互类表中还必须提供交互所需的参数,这些参数完全对应于调用 RTI Send Interaction 服务所需的参数,可能的参数包括交互类名、参与交互的对象标识符、对象属性、常数和用户自定义数据类型等。交互参数必须说明交互作用的主要特性或特征量,以便接收对象计算其所受到的影响。交互参数的具体细节,如类型、分辨率、精度等将在对象模型的属性/参数表中进行描述。交互参数必须针对层次结构中的每一交互类分别予以描述,不能继承交互超类的参数。

交互是影响联邦成员互操作性的决定性要素。就对象之间的相互影响而言,互操作性的实现要求能够一致性地处理不同联邦成员产生的交互,对同一类型的公共交互,不管哪一个联邦成员拥有触发或接收对象,相关联邦成员都必须产生一致的响应。例如,在分布式作战仿真中,要求对不同的作战实体发出的"交战"交互进行一致性的处理,以保证不同的联邦成员所模拟的作战实体进行公平的对抗。因此,完整和准确地描述 FOM 中的公共交互和联邦成员对这些交互的一致性处理是实现仿真互操作性的基本条件。

综上所述,交互类与对象类一起描述了联邦执行中的全部交换数据。所以,对象模型必须描述联邦执行中被传输的所有交互类,保证 RTI 能够识别这些交互类,以便支持对它们的公布和预订。对象模型中的触发和接收对象类的说明有助于确定直接提供交互的联邦成员,因为不同的联邦成员通常拥有不同的对象类的所有权。对象模型中的交互参数用于确定触发该交互的联邦成员提供的具体参数和接收该交互的联邦成员回应的具体参数。

2) 表的格式

对象交互类表给出了描述联邦或联邦成员对象交互类的模板,如表 2-17 所列。该模板由五部分构成,即交互类结构、触发交互对象类、接收交互对象类、交互参数和联邦成员对该交互的触发、感知和反应能力。对表中的任何一个交互类,必须描述交互类的名称和触发对象类,而其他部分的填写则是可选的。交互类的名称必须用 ASCII 字符集定义,并且是全局唯一的;对象交互类表中不能重名。对不能确定接收者的交互,接收对象类栏目不需要描述。对不需要提供任何作用信息的交互,交互参数表栏目可以为空白。在 MOM 中,联邦成员对每个交互类的触发、感知、反应能力都必须进行描述。FOM 也必须包括与 MOM 一致的交互类信息。

例如,一个具有三层的交互类结构 (interaction1, interaction1-1, interaction 1-1-3),其中 interaction1-1 是 interaction1 的子类,interaction1-1-3 是 interaction 1-1 的子类。因此,在对象交互类表中,第一列填写复合项 interaction1. interaction 1-1,第二列填写独立项 interaction1-1-3。

表 2-17　对象交互类表

交互类结构		触发交互对象类		接收交互对象类		交互参数	触发 I、感知 S、反映 R
		对象类	影响属性	对象类	影响属性		
<交互> [.<交互>]*	[<交互>]	<类> [,<类>]*	<属性> [,<属性>]*	<类> [,<类>]*	<属性> [,<属性>]*	<参数> [,<参数>]*	<ISR>
	[<交互>]	<类> [,<类>]*	<属性> [,<属性>]*	<类> [,<类>]*	<属性> [,<属性>]*	<参数> [,<参数>]*	<ISR>
	……	……	……	……	……	……	……
<交互> [.<交互>]*	[<交互>]	<类> [,<类>]*	<属性> [,<属性>]*	<类> [,<类>]*	<属性> [,<属性>]*	<参数> [,<参数>]*	<ISR>
	[<交互>]	<类> [,<类>]*	<属性> [,<属性>]*	<类> [,<类>]*	<属性> [,<属性>]*	<参数> [,<参数>]*	<ISR>
	……	……	……	……	……	……	……
……	……	……	……	……	……	……	……

下面其他栏列出了交互类涉及的对象类和受交互影响的对象类属性。一般情况下,很容易区分触发和接收交互的对象,如果没有任何根据对它们进行区分,参与交互的两个对象类的任何一个均可以作为触发或接收对象类,并将其填入相应的栏内。如果多个对象类以同样的方式参与一个交互,而这些对象类又没有一个共同的超类可以代替它们参与这一交互,此时触发或接收对象类可能有多个。在参与交互的对象类后面,列出交互影响的对象类的属性。交互对属性影响的方式和结果可用注释予以说明。

交互类描述中所提供的参数应是调用 RTI 的 Send Interaction 服务所需的参数。如果某个交互类不需要参数,可用符号 N/A(not applicable)来表示不适用或不存在。

触发、感知、反应栏(列)的目的是区分联邦成员对相应对象交互类的处理能力。

① 触发(initiates,I):表示联邦成员能够生成和发出相应的交互。

② 感知(senses,S):表示联邦成员当前能够预订该交互类并能使用该交互类的事件消息(交互数据)进行某些内部处理(与其他联邦成员无关的处理),感知能力不要求能够更新受影响对象的属性,并对外发布所更新的属性值,具有一种单向信息流特征。

③ 反应(reacts,R)：表示联邦成员当前能够预订该交互，并能对该交互做出适当的反应，即适当更新自己所拥有的受影响的对象属性。联邦成员能够反映一个交互，表示联邦成员接收、处理交互消息，并对外发布事件消息，它是一种双向信息流。

联邦成员触发交互的能力不仅要求它能够调用 RTI 的 Publish Interaction Class 服务对外公布该交互，而且要求它能够模拟该交互的触发过程，并在触发后调用 RTI 的 Send Interaction 服务对外发布该交互。

联邦成员感知交互的能力是指能够使用 RTI 的 Subscribe Interaction Class 服务预订该交互，并能够通过 Receive Interaction 服务接收并使用该交互的信息。这里需要注意的是，仅仅能够接收这种交互消息是不够的，因为任何一个联邦成员都能够做到这一点，联邦成员在某种程度上必须使用所接收的交互信息，这样才能称为具有交互的感知能力。例如，一个作为联邦成员的图形显示子系统，它可以预订这些交互，以便据此改变它的显示(如作战双方的态势图)。这种显示子系统能够感知这些交互，却不能对这些交互做出反应，即生成并对外发布由该交互产生的事件消息(一个新的交互或属性更新消息)。

联邦成员反应交互的能力是指能够接收交互类信息，并且据此更新和公布受影响的公共对象的属性。并非所有交互都要求联邦成员更新受影响的对象属性值，但可能导致内部状态的变化进而影响属性值的更新。联邦成员对交互的最低反应能力要求它能够适当地响应 Receive Interaction 服务调用，适当的响应能力包括能够改变受影响的属性和影响相关对象的行为。这里需要注意区分"对属性的回应"和"对交互的反应"两个概念的差别，仅仅能够回应(reflect)受交互影响的对象属性值的变化不能表示对交互具有反应(react)能力。如果一个联邦成员只是由于接收了受影响对象属性值的变化，而不是在接收交互消息后通过自身来计算受影响对象属性值的变化，那么只能说该联邦成员对这些属性具有回应能力，而不能说对交互具有反应能力。

在一个联邦中，对于 FOM 中的任何一个交互，至少有一个联邦成员具有触发能力，至少有一个联邦成员具有感知或反应能力。因此，对于每个交互至少存在一个 IS 或 IR 组合。通常，一个联邦成员支持对交互的触发、感知和反应的多种组合：{I,S,R,IS 或 IR}。在联邦成员的 MOM 中，任何一个交互必定有上述五种能力之一。如果一个联邦成员既不能触发、感知一个交互，也不对该交互做出反应;那么，这种交互就没有任何意义，也就不应将其置于 MOM 中。

3) 设计准则

在 FWS 的概念模型中，将一个交互定义为作战实体相互作用的若干影响因素的描述;在 FWS 的对象模型中，交互仍然具有这种相同的含义，只是在描述形式上更接近于仿真系统的程序设计。在 MOM 和 FOM 的描述中,将交互划分为两种,即外部交互与内部交互。

(1) 外部交互。不同联邦成员中的对象(作战实体)之间的交互称为外部交互。如在作战仿真中,有各种交战交互,交战双方的实体(对象)通常属于不同的联邦成员。因此,交战交互则属于外部交互。外部交互必须包括在 FOM 中,不管它在联邦执行中何时发生。

(2) 内部交互。同一联邦成员内部对象之间的交互称为内部交互。内部交互只在联邦成员的 MOM 中描述,不需要包括在 FOM 中。例如,用一个联邦成员模拟自行火炮系统,该系统由雷达、指挥仪和火炮三部分构成,如果其他联邦成员只对整个系统的外部交互(如开火)感兴趣,则雷达、指挥仪和火炮三者之间的交互作用为内部交互,这些交互应根据该联邦成员的建模需要在 MOM 中进行适当的描述,但不应放在 FOM 中。

通常,MOM 是独立于特定的联邦应用而开发的。因此,MOM 中所设计的交互类能否适用于未来的联邦应用则是未知的。所以,如果考虑到 MOM 可能用于未来联邦应用的需要,那么联邦成员具有触发、感知或反应能力的所有交互均应尽可能详细地在 MOM 中予以描述。

3. 属性/参数表

1) 目的及原理

在 OM 中所描述的每个对象类均由一组特定的属性来刻画。这些属性描述了联邦成员感兴趣的对象状态或特征,其中每个属性都是可被独立辨识的,其值随时间而变化(如作战部队和武器平台的地理位置、运动速度等)。由于对象属性和交互参数具有相似性,因此所有的交互类参数同对象类属性一起在同一表中进行描述。对于对象类结构表中的所有对象类的属性和对象交互类表中的所有交互类的参数都必须完整地在属性/参数表中描述。FOM 应在其属性/参数表中说明所有的公共属性。这些公共属性可由 RTI 进行公布,提供给联邦中的其他联邦成员。

对象模型在属性/参数表中支持对下列属性特征的表达。

- 对象类(object class)
- 单位(units)
- 更新类型(update type)
- 属性名 (attribute name)
- 分辨率(resolution)
- 更新频率/条件(update rate/condition)
- 数据类型(datatype)

- 精度（accuracy）
- 可转移/可接受（transferable/acceptable）
- 基数（cardinality）
- 精度条件（accuracy condition）
- 可更新/可回映（updateable/reflectable）

"对象类"栏描述属性所属的对象类。

"属性名"栏给出属性的标识符。

"数据类型"栏描述每一属性的数据类型，包括程序设计语言规定的基本数据类型和用户自定义数据类型。

"单位"栏说明属性值所采用的计量单位，如 m、km、kg。

"分辨率"栏描述公布属性值的粗细程度。如果该属性的数据类型为数值型，则这里给出该属性值变化的最小量 ΔV，当属性值的变化量大于或等于 ΔV 时，应对预订该属性的联邦成员发送属性更新消息；如果属性值为离散类型的数值时，则应在"分辨率"栏目中列出相应的离散值。

"精度"栏记录属性值的计算精度，即距离理想值或准确值的最大偏差，它通常是一个小数，如 0.1、0.01 等；但也可以在此栏目下标注"perfect"，表示没有误差。

"精度条件"栏描述联邦执行在何种条件下，对相应属性的计算精度达到"属性精度"指定的值。该描述项可能包括一个引用，该引用指向一个特定的能够确定相应属性精度的算法；该栏目也可以为空白，表示没有条件，即在任何情况下均应达到指定的精度。

表 2-18 属性/交互表

对象类/交互类	属性/参数	数据类型	基数	单位	分辨率	精度	精度条件	更新类型	更新条件	可转移/可接受	可更新/可回应
<对象类>/<交互类>	<属性>/<参数>	<数据类型>	<数值>	<单位>	<分辨率>	<精度>	<精度条件>	<更新类型>	<更新条件>	<TA>	<UR>
	<属性>/<参数>	<数据类型>	<数值>	<单位>	<分辨率>	<精度>	<精度条件>	<更新类型>	<更新条件>	<TA>	<UR>
	……	……	……	……	……	……	……	……	……	……	……
……											

注：T 表示属性所有权可转移；A 表示属性所有权可接受；U 表示属性值可更新；R 表示属性值可回应。

公布和预订处理。对象类支持属性级上的公布和预订;而在公布交互类时,交互参数是不能分开的。在属性/参数表中,属性名/交互名和相关的对象类/交互类是 RTI 所必需的基本数据。另外,RTI 虽然不直接使用分辨率、精度和更新策略等特性数据,但它们有助于保证联邦成员的兼容性。有些联邦成员的属性分辨率、精度和更新频率较低,而有些则较高,这两类联邦成员进行交互可能会产生一些问题。因此,对属性的分辨率、精度和更新频率的描述应是 FOM 的重要组成部分,旨在保证联邦成员之间在特定的级别、层次和水平上进行互操作。这有助于联邦中的联邦成员对整个问题空间有共同的理解,避免联邦成员之间的矛盾。

2) 表的格式

FOM 的属性/参数表提供联邦中所有公共属性和所有外部交互参数的描述性信息,属性/交互表给出了它的模板格式,如表 2-18 所列。

"对象类/交互类"栏列出属性所属的对象类名称或交互参数所属的交互类名称。这些类来自于对象类/交互类的层次结构,按照由高到低逐层描述,子类的公共属性/参数置于高层类,描述高层类的属性/参数有助于减少信息冗余。例如,飞机类 Air_Vehicle 有两个子类,它们分别是固定翼飞机类 Fixed_Wing 和旋转翼飞机类 Rotary_Wing,它们都有最大速度时的最小转弯半径这一属性,在对超类 Air_Vehicle 描述该属性后,子类也就继承了该属性,这样就避免了重复描述。当子类需要修改继承的属性时,子类必须定义一个新属性。

"属性/参数"栏列出对象类的属性或交互类的参数。属性名/参数名必须用 ASCII 字符集定义,并且不能与超类的属性名/参数名相同。一个对象对应描述多个属性,一个交互对应描述多个交互参数。

"数据类型"栏用于描述属性和参数的数据类型。数据类型可以是允许的基本数据类型,也可以是用户自定义数据类型。自定义数据类型名不能与基本数据类型名相同。数据类型列的具体内容可以是数据类型名(适于基本和自定义数据类型),也可以是一个说明枚举或复杂数据类型的标识符。当复杂属性或参数包括一个同类数组或一个具有相同数据类型的数据项序列时,其具体描述置于数据类型列。当复杂数据类型的各数据项具有不同的数据类型时,则需要一个附加的复杂数据类型表。

"基数"栏说明一个数组或数据项序列的大小。用符号"1+"表示无界序列,用一个固定的整数值<整数>表示具有固定长度的序列。多维数组的基数应按次序列出每一维的大小,如用"2,10"描述一个 2 行 10 列的二维数组。对于简单的属性和参数,只需将"1"置于此列即可。

"单位""分辨率""精度"和"精度条件"栏分别说明对象类属性和交互类参

数的计量单位、模型对它的分辨率、模型对它的计算精度和条件。如果属性或参数的数据类型是枚举或复杂数据类型,则不需要填充单位、分辨率、精度和精度条件列,因为枚举数据类型不需要描述这些特性,复杂数据类型各数据项的这些特性将在复杂数据类型表中描述。对上述和其他不适于描述单位、分辨率和精度信息的数据类型(如字符串),则应填注"N"符号,表示不适用(not applicable)。

"单位"列用于记录属性或参数的计量单位(如 m、km、kg),该列的单位信息也是描述分辨率和精度的计量单位。

"分辨率"列可能填入不同的内容,这决定于属性/参数的类型。对整型数类的属性或参数,该列在表的每一行都包括一个数值型数据,该值给出了区分属性值的最小辨识值。然而,当属性或参数为浮点数据类型时,其分辨率用属性值的数量级定义。所以,分辨率的含义可能包含在数据类型中。

"精度"列用于描述属性或参数值距离其标准值(期望值)的最大偏差,它通常是一个可度量的值,但许多离散或枚举类型的属性不存在偏差,此时填注符号"P"(perfect)表示所具有的计算精度是完全准确的。

"精度条件"列说明在联邦执行中什么条件下到达给定的计算精度。它可以包含一个指向确定计算精度的特定更新算法的引用,或填注符号"A"(always),表示需要无条件地满足。

"更新类型"和"更新条件"列描述属性的更新策略。更新类型分为静态(static)更新、周期性(periodic)更新和条件(conditional)更新三种。当属性的更新类型具有周期性时,需要在更新条件列说明单位时间的更新次数。当属性按条件更新时,需要在更新条件列描述更新条件。对于交互参数,应标注"N"符号,表示不能更新。

"可转移/可接受"(transferable/acceptable,T/A)列用于填写联邦成员对对象属性所有权的转移与接受能力。在一个联邦中,如果一个属性的所有权可以从一个联邦成员转移出去,那么联邦中的其他联邦成员必定可接受该属性的所有权。但是,单一联邦成员或许只能够转移属性所有权,而不需要接受另一个联邦成员交出的属性所有权。能填入该列的可选项有以下几个。

① 可转移(transferable,T):联邦成员能够公布和更新对象的这一属性,能够使用 RTI 的所有权管理服务将该属性的所有权转移给另一个联邦成员。

② 可接受(acceptable,A):联邦成员能够从另一个联邦成员接受该属性的所有权,包括对属性更新的能力。

③ 不可转移或不可接受(not transferable or acceptable,N):联邦成员不能将该属性的所有权转移给另一个联邦成员,也不能接受另一个联邦成员对该属性

的所有权。

对于 MOM 中的属性,该列可标注 {T, A, TA, N} 之一。在 FOM 中,只能标注 TA 或 N。对于对象的交互参数,该列标注 N/A,表示不适于标注这些信息标志。

"可更新/可回应"(updateable/reflectable, U/R)栏用于描述联邦成员当前具有的属性更新与回应能力。

- 可更新(updateable, U):表示联邦成员当前能够使用 RTI 的 Publish Object Class 和 Update Attribute Values 服务,公布和更新指定的对象属性。

- 可回应(reflectable, R):表示联邦成员通过 RTI 的 Reflect Attribute Values 服务调用,能够接收和处理指定对象属性值的变化。

对于 MOM 中的属性,该栏可标注三种不同的能力组合 {U, R, UR} 之一,其中任何一个属性必须是可更新的或可回应的或二者均可。在 FOM 中,所有属性均应标注 UR,因为其中的所有属性既可更新又可回应。对应于交互参数,该栏全部标注 N/A,表示不适于标注这些信息。

3)设计准则

所有公共属性,其值均可由联邦中的其他联邦成员访问,故均应在 FOM 的属性/参数表中描述。所有能被单个联邦成员更新或者回应的属性,均应在该联邦成员 MOM 中的属性/参数表中描述。所有在对象交互类表中出现的交互参数均应在属性/参数表中描述。如果交互参数同时也是对象类的属性,那么它应作为一个属性和作为一个参数分别在属性/参数表中予以描述。

在某些对象模型中,可能需要描述联邦成员转移/删除对象类实例的所有权信息。在这种情况下,属性 privilegeToDeleteObject 应包含在属性/参数表中,以说明联邦成员的这种转移与删除能力。如果不对该属性进行描述,则认为这种权力既不可转移也不可接受。属性 privilegeToDeleteObject 是在对象实例化时由 RTI 自动创建的。

4. 属性/参数附表

1)目的及原理

尽管属性参数表提供了描述数据类型的栏目,但对枚举数据类型和复杂数据类型没有做出详细的说明。本节给出了枚举数据类型和复杂数据类型的描述模板,这些模板是构成 OMT 所不可缺少的重要部分,它们既适用于 MOM 的设计也适用于 FOM 的设计。

2)枚举数据类型表

枚举数据类型表描述了枚举数据类型的格式。第一栏定义枚举数据类型的标识符(名称);第二栏描述所有的枚举项目;第三栏提供枚举项目的取值,通常对应于一个整数序列,如表 2-19 所列。例如,在作战仿真中,作战部队的从属关系属性就是一个枚举数据类型,其可取的值有 1—红方、2—蓝方和 3—中立方,表示部队属于红军、蓝军和中立部队。每个枚举值均可以用一个确定的数值(如连续的整数)来表达,但这需要在整个联邦中达成协议。

表 2-19　枚举数据类型表

标 识 符	枚 举 项 目	表 达 值
<数据类型>	<枚举项目>	<整数>
	……	……
<数据类型>	<枚举项目>	<整数>
	……	……
……	……	……

3) 复杂数据类型表

下面是复杂数据类型表的格式。第一栏描述用户自定义数据类型的标识符(名称),该标识符应与属性/参数表中标识符一致。下一栏是数据项,提供复杂数据类型中各独立数据项的名称,如表 2-20 所列。例如,一个表示地理位置的复杂数据类型:Location(标识符),在直角坐标系中有三个数据项:X、Y 和 Z。数据项名完全由联邦或联邦成员的设计者自行确定。

表 2-20　复杂数据类型表

复杂数据类型	数据项	数据类型	基数	单位	分辨率	精度	精度条件
<复杂数据类型>	<数据项>	<数据类型>	<数值>	<单位>	<分辨率>	<精度>	<精度条件>
	<数据项>	<数据类型>	<数值>	<单位>	<分辨率>	<精度>	<精度条件>
	……	……	……	……	……	……	……
……	……						

复杂数据类型表的其他栏分别为数据类型、基数、单位、分辨率、精度、精度条件,这些栏与属性/参数表中的相应栏具有完全相同的含义,它们对复杂数据类型的各数据项进行详细描述。通常,一个复杂数据类型表达一种相对独立的概念。因此,复杂数据类型的所有数据项通常也具有相同的特性要求(如更新类型/条件、可转移/可接受、可更新/可回应),这些特性可在复合级上描述,即在属性/参数表中描述;如果其中的数据项有特殊的特性要求,则应在数据项级上描述。

在复杂数据类型的描述中也可以包括其他复杂数据类型标识符,允许设计者根据联邦或联邦成员的需要建立相应的数据结构。

5. FOM/MOM 字典

1) 目的及原理

要实现联邦成员之间的互操作,不仅需要上述模型模板中所描述的数据,而且需要各联邦成员对这些数据有共同的理解。FOM/MOM 字典旨在对 FOM/MOM 使用的所有术语进行定义。基于这些定义,在联邦开发中可以扩展数据的内涵,构建自动化的辅助工具,并支持未来的各种仿真应用。

2) 表的格式

(1) 对象类定义。FOM 和 MOM 描述的所有对象类均需要给予明确的定义,对象类定义表提供了一个描述这些信息的简单模板,如表 2-21 所列。表的第一栏描述对象类的名称,第二栏说明相应对象类的语义。对于抽象的高层超类,应描述它在对象类层次结构中的目的和意义;对于能够产生直接实例的具体对象类,应说明它所表示的真实实体,以及明确对象类语义的有关信息(如逼真度),也可以描述对象类属性以及相关的交互信息。

表 2-21　对象类定义

术　　语	定　　义
<术语名称>	<术语定义>
<术语名称>	<术语定义>
⋮	⋮
<术语名称>	<术语定义>

(2) 对象交互定义。交互类定义表提供了对象交互定义的描述模板,用于说明 FOM 中公共对象类之间的交互,以及 MOM 中可由单一联邦成员公布和/或接收的交互,如表2-22所列。表的第一栏描述交互类的名称,第二栏用于明确交互类的语义。对于抽象交互类,应说明其存在于交互类层次结构中的意义,以及它包括的子类;对于具体的(可实例化的)交互类,应说明它表示的实际事件。也可以描述交互的触发和接收对象类和交互参数信息。

表 2-22　对象交互类定义

术　　语	定　　义
<术语名称>	<术语定义>
<术语名称>	<术语定义>
⋮	⋮
<术语名称>	<术语定义>

（3）属性/参数定义。属性/参数定义表可以用于说明公共对象类的属性和所有的交互参数，如表 2-23 所列。表的第一栏描述对象类或交互类的名称，第二栏描述属性或参数，第三栏描述属性或参数的定义。有的属性/参数具有相同的名称，但却属于不同的对象/交互类，第一栏和第二栏确定了属性/参数与对象/交互类的对应关系。

表 2-23　属性/参数定义

对象/交互类	术　语	定　义
<对象/交互类名>	<术语名>	<术语定义>
<对象/交互类名>	<术语名>	<术语定义>
⋮	⋮	⋮
<对象/交互类名>	<术语名>	<术语定义>

2.3　执行模型设计

执行模型（EM）是用特定的编程语言，在运行时基础支撑构件 RTI 的支持下所实现的可执行的联邦子系统。由于 FWS-CTF 是在面向或基于对象的概念和方法的基础上提出来的，因此在实现 EM 和 RTI 时，最好采用面向对象的程序设计语言，如 C++。

EM 的设计涉及众多具体的技术细节问题，同时依赖于用户的具体设计需求，如人机界面设计、数据库设计、FederateAmbassador 虚函数的定义等，这些方面的设计均与联邦成员所要实现的具体功能相关，仅就与 EM 设计相关的几个共性问题进行探讨，它们分别如下。

① FWS 体系结构：包括客户/服务器模式、对等模式、分层结构。

② EM 逻辑结构：引入实效模型 AM 和影子模型 SM 的概念，分析 EM 的模型构成及其相互关系。

③ EM 的布局方案：包括异站传输式布局和本站计算式布局。

④ EM 控制机制：包括时间步长驱动法、离散事件驱动法和独立时间推进法。

2.3.1　FWS 体系结构

分布式作战仿真系统的信息处理可采用以下三种处理模式之一：客户/服务器模式、对等模式和分层结构。

1. 客户/服务器模式

采用客户/服务器（client/server，C/S）模式的作战仿真系统是由若干台计算机组成的局域网或广域网,其中用于提供数据和服务的计算机称为服务器,如专门提供通信服务的通信服务器,对共享资源进行管理的资源服务器,对支持作战仿真运行的通用数据库进行管理和服务的数据库服务器;向这些服务器提出数据和服务请求的计算机称为客户,如作战仿真系统中的模型机、指挥机、态势显示机等。

C/S 模式在逻辑上属于星型结构,即它以服务器为中心,服务器与客户之间采用“点对点”的通信方式,在客户之间不能通信。然而,C/S 模式的物理结构并不局限于星型结构,也可以采用公共总线结构,其每个客户机只能与网络服务器进行通信,而各客户机之间不能直接通信。

C/S 模式的特点是信息的处理是分布的,而系统的控制是集中的。目前它已经成为信息处理系统和网络操作系统的主流模式。然而,C/S 模式存在着某些致命的缺陷。由于存在服务器这种中心节点,一旦服务器发生故障,将使整个网络系统瘫痪。当服务器在重负荷下工作时,可能因过于繁忙而显著地延长客户请求的响应时间。因此,基于 C/S 模式的作战仿真系统难以满足未来大规模的 FWS 系统的高可靠性要求,更难以克服 FWS 系统运行中由于巨大的通信量而导致的瓶颈问题。要想从根本上解决这些问题,必须采用对等模式。

2. 对等模式

在对等模式的作战仿真系统中,不存在一个或多个中心节点,每台计算机都是一个相对独立的工作站。通常,一个工作站上驻留一个联邦成员。尽管每个工作站担负的任务不同,但它们都以平等的身份进行相互间的通信。在这种对等模式的网络上,每个工作站既可以作为客户向其他工作站发出服务请求,也可以作为服务器给其他工作站提供服务。此时可以认为,每个工作站既是一个客户也是一个服务器,因而称为组合站。

基于对等模式的作战仿真系统的主要特点是各站点的平等性,即网络中所有工作站均处于平等地位,无主次之分。由此使得作战仿真系统的某些关键特性获得了很大的改善。

① 可靠性好。由于网络中无中心节点,因而任一工作站的失效都不会造成严重后果。

② 可扩展性好。在网络中增加工作站不会明显地给其他工作站增加负担,也不易出现通信“瓶颈”现象。

对等模式的缺点如下。

① 实现复杂。由于网络中的每个工作站相当于一个服务器,它可能同时接收到从若干个其他工作站发来的服务请求,因而使所有的工作站都处于多用户环境,在系统设计时需要有效地解决多用户系统所面临的一系列问题,如系统管

理、通信控制、资源共享、访问冲突等。

② 目前尚缺乏相应的通用软件来有效地支持基于对等模式的作战仿真系统的开发工作。

③ 对工作站要求较高,由于每个工作站既作为客户,又作为服务器,要求配置较多的软件,具有较高的运行效率,因此要求工作站具有较好的硬件配置。然而,从目前来看,随着微型计算机性价比的大幅度提高,这一问题已经得到了明显的缓解。

3. 分层结构

联邦成员执行模型(EM)是相应的对象模型(OM)在特定的软硬件环境下的具体实现,所有联邦成员的 EM 通过运行时基础支撑构件 RTI 实现互联和互操作,构成满足特定军事需求的 FWS 系统,而 RTI 的实现又以通用的软硬件环境为基础,因此可将 FWS 系统分为以下四层,如图 2-14 所示。

图 2-14 FWS 的分层结构

(1) 硬件网络层。可以是用于集中式作战仿真的局域网,也可以是用于分布式作战仿真的广域网。

(2) 通用软件层。主要包括网络操作系统(如 Windows NT)、标准化的网络通信协议(如 TCP/IP)、网络编程接口工具(如 Windows Sockets)、面向对象的编程语言(如 Visual C++)和数据库管理系统(如 MS SQL)等。

(3) 运行时基础支撑构件(RTI)层。RTI 建立在通用软件层之上,支持不同联邦成员的互联与互操作。

(4) 联邦成员应用层。它是在选定的软硬件环境下实现的各个联邦成员 EM,如兵力行动模型、分析评价模型、指挥控制平台,实际作战系统接口软件等,这些联邦成员通过 RTI 实现互联和互操作,从而构成一个满足特定军事需求的作战仿真联邦。

2.3.2 执行模型逻辑结构

1. 实效模型与影子模型

一个联邦代表着一项仿真应用,如陆军多兵种协同作战仿真联邦、陆海空三

军联合作战仿真联邦等。一个联邦由若干个联邦成员和一个运行时基础支撑构件(RTI)组成,即

联邦={联邦成员 1,联邦成员 2,…,联邦成员 n,RTI}。

图 2-15 给出了一个联邦式作战仿真系统的逻辑结构,其中包括 F_1、F_2 和 F_3 三个联邦成员。每个联邦成员一般位于不同的网络节点上,各网络节点可分布在不同的地域,如多个城市。

通常,一个联邦成员用来模拟一个或一组相互关联的作战实体,不同的联邦成员模拟不同的作战实体,而整个联邦中的作战实体都可能发生相互作用和相互影响。因此,不同联邦成员的执行模型(EM)之间必须在某种程度和范围内具有相互的感知能力。为便于描述这种相互作用机制,这里引入了实效模型和影子模型的概念,并用 AM 表示实效模型,用 SM 表示影子模型。

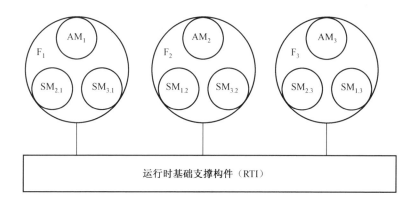

图 2-15　联邦成员执行模型逻辑结构

联邦成员的实效模型 AM 是用于计算该联邦成员所模拟的实体状态和行为的动态计算过程模型;联邦成员的影子模型 SM(一般有多个)则是该联邦成员需要感知的其他联邦成员所模拟的实体状态和行为的静态信息模型。如果一个联邦有 n 个联邦成员,那么任何一个联邦成员有唯一的一个实效模型和最少 0 个、最多 n-1 个影子模型。

实效模型用于:①接收影响所模拟的各类实体的状态和行为的交互信息;②计算和记录状态的变化和行为结果;③发送影响其他联邦成员所模拟的实体的状态和行为的交互信息。影子模型只为实体模型的运行提供环境数据(外部状态和外部行为信息)。

图 2-15 给出了一个由三个联邦成员 F_1、F_2 和 F_3 构成的联邦,它们分别模拟不同作战实体的行为和状态转移过程。AM_i 表示联邦成员 F_i 的实效模型,SM_{jk} 表示联邦成员 F_k 在 F_j 的影子模型。例如,$SM_{2.1}$ 和 $SM_{3.1}$ 分别是联邦成员

F_1 需要对联邦成员 F_2 和 F_3 感知的部分。因此,一个联邦成员的所有影子模型提供了该联邦成员的全部输入信息,实效模型接收这些信息后计算对内部实体的影响,产生影响外部实体的信息。

2. 执行模型的构成

在联邦执行过程中,联邦成员执行模型(EM)是一个可自由加入或退出联邦的部分。最典型的联邦成员通常用于模拟一支位于不同地域的参战部队(聚合级仿真模型)或一个武器平台(平台级仿真器),其他基于 RTI 的软件系统(如 C^4I 系统、分析评价模型等)也可以作为联邦成员进行相对独立的设计与实现,并加入联邦构成一种多用途、集成化作战仿真联邦。

如图 2-16 所示,每个联邦成员的执行模型(EM)均由一个模型控制框架、一个实效模型和多个影子模型组成,即

执行模型(EM)=｛模型控制框架,实效模型,影子模型 1,影子模型 2,…,影子模型 m｝

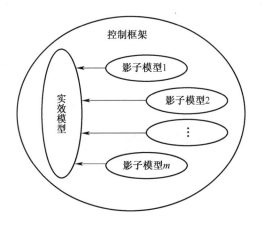

图 2-16　联邦成员的构成

其中,实效模型是在构建联邦成员时根据用户需求进行设计的,影子模型则是在联邦执行时根据 FOM 描述的数据交换协议动态生成的。

联邦成员的控制框架由以下三部分构成:

① 人机交互界面。

② 成员通信界面。

③ 运行控制程序。

人机交互界面为用户提供了监视和控制联邦成员乃至整个联邦执行的手段。不同的联邦成员具有不同的功能,因此与之相应的人机交互界面也具有较大的差异。例如,在一个聚合级作战指挥训练仿真联邦中,兵力行动仿真模型的人机交互界面只需要提供模型的初始化、启动、状态监视等功能,指挥控制平台

则应根据兵种作战指挥的需要提供逼真的或实用的 C^3I 系统的功能,作为总控机的管理联邦成员则应提供联邦的启动与结束、暂停与恢复、保存与重载、联邦成员的加入与退出、联邦运行的状态监控与异常处理等功能。

成员通信界面是联邦成员与联邦成员之间进行消息传输的接口界面,该接口功能由 RTI 提供。

运行控制程序用于接收来自人机交互界面的控制指令和来自成员通信界面的事件消息,据此协调内部对象模型进行相应的处理和响应。

2.3.3　执行模型布局方案

每个联邦成员都包含一个实效模型和若干影子模型。影子模型有两种生成方法:异地传输和本地计算。这两种不同的影子模型生成方法,导致了联邦成员执行模型的两种布局方案:异站传输式布局和本站计算式布局。

异站传输式布局就是将每个联邦成员的实效模型置于一台工作站上,构成一个网络节点,各节点只负责计算本节点所模拟实体的状态和行为,计算所依据的影子模型的生成方法是联邦成员之间的数据公布和数据预订机制,即每个联邦成员声明它能够对外部提供的数据和自己需要的外部数据,从而产生一种供需平衡的交互信息模型,避免冗余信息的网上传输。

在本站计算式布局中,每个工作站不仅要负责本站联邦成员实效模型的计算,而且要加载所有对该站有影响的联邦成员实效模型的副本——影子模型,因此本站上的所有影子模型信息完全由本站负责计算,并提供给本站上的实效模型。同一个联邦成员的影子模型和产生该影子模型的实效模型的差异在于,前者是屏蔽掉人机交互界面、只在后台运行的仿真模型,相应的人机交互信息由产生它的实效模型负责提供。

2.3.4　执行模型时控机制

在 FWS 中,每个联邦成员的执行模型(EM)都是在特定的仿真时钟的推动下,不断地计算和记录作战实体的状态转移、模拟实体行为机制的过程。按照不同的仿真时钟推进方式,可将所有的联邦成员归纳为三种类型:时间步长驱动的联邦成员、离散事件驱动的联邦成员、独立时间推进的联邦成员。下面详细分析了基于不同时间推进机制的联邦成员 EM 的时间控制方法。

1. 时间步长驱动法

按时间步长推进(time-stepped advance)的联邦成员是一种同步仿真,这类仿真在完成当前时间步的工作后将仿真时钟推进到下一时间步。任何一个时间步的计算所产生的事件不能在本时间步内进行处理,只能为下一时间步或后续的几个时间步调度事件。下面给出了一个典型的基于时间步长法推进仿真时钟的联邦成员 EM 的程序控制框架,当 EM 接收到 Time Advance Grant 调用后,根据 LRC 提交的事件消息更新该联邦成员 EM 的内部数据结构,计算该联邦成员当前的状态,调度新的事件。

时间步长驱动法的算法如下:

/ * now 是表示联邦成员当前逻辑时间的局部变量 * /

/ * timeStepSize 表示联邦成员逻辑时间推进的时间步长 * /

如果仿真继续执行,则进行下列循环处理:

(1) 根据接收到的事件消息,计算 now 时刻联邦成员的状态;

(2) EM 调用 Update Attribute Values 和/或 Send Interaction 服务,向 RTI 提供联邦成员状态变化信息(属性更新值或交互),调用的时间参数为 TS(TS)=now+timeStepSize);

(3) / * 接收下一时间步长内(now,now+timeStepSize]的所有外部事件消息 * /

EM 调用 Time Advance Request(now + timeStepSize)服务,请求推进仿真时钟;

(4) RTI 回调 Reflect Attribute Value 和 Receive Interaction 服务,接收和处理外部的属性更新和交互;

(5) / * 推进仿真逻辑时间 * /

RTI 回调 Time Advance Grant 服务,推进仿真时钟:

now = now+timeStepSize;

循环处理结束。

2. 离散事件驱动法

基于事件驱动(event-driven)的联邦成员按照时戳的顺序逐个处理事件消息。当联邦成员处理 TSO 消息或内部事件消息时,其逻辑时间将首先推进到所处理的事件消息的时戳处。联邦成员很可能交叉处理内部事件消息和 RTI 发送的外部事件消息,以便所有的消息处理按照时戳顺序进行。

下面给出了一个典型的基于事件驱动的联邦成员 EM 的程序控制框架,其中所有处理的消息均按照 RTI 传输的顺序(RO)进行。Reflect Attribute Values 和 Receive Interaction 服务程序作为事件处理器,用于接收外部的属性更新和交互事件消息,并完成联邦成员的状态计算与更新和调度新事件。

离散事件驱动法的算法如下:

／＊now 是记录联邦成员逻辑时间的局部变量 ＊／

如果仿真继续执行,则进行下列循环处理:

(1) 确定下一个内部事件消息的时戳 TSlocal ;

(2) ／＊ 请求传输下次外部事件消息 ＊／

联邦成员 EM 调用 Next Event Request (TSlocal) 服务请求;

(3) ／＊如果有新的外部事件,则接收并处理＊／

RTI 回调 Reflect Attribute Values 和 Receive Interaction 服务接收和处理外部事件消息;

(4) 联邦成员 EM 调用 Update Attribute Values 和/或 Send Interaction 服务向 RTI 提供变化信息(新属性值和交互);

(5) RTI 回调 Time Advance Grant 准许时间推进;

(6) IF(上面的 Next Event Request (TSlocal) 服务请求没有接收到 TSO 消息):

$$now = Tslocal;$$

处理(1)确定的下一个内部事件消息;

调用 Update Attribute Values 和/或 Send Interaction 服务向 RTI 提供变化信息(新属性值和交互);

THEN

　　now = 发送给联邦成员的最后一个 TSO 消息的时戳;

　　IF END

循环处理结束。

同时间步长法编程一样,事件驱动法也可用于比例化实时联邦仿真,其方法是设计一个协调逻辑时间和比例化日历时钟时间的算法或使用一个专用的步调控制联邦成员。

3. 独立时间推进法

独立时间推进(independent time advance)联邦成员不需要同其他联邦成员协调时间的推进问题。这类联邦成员或者按照消息到达的顺序 RO,或者按照时戳顺序 TSO,或者按照比例化日历时钟时间的关系处理消息。DIS 仿真通常采用这种模式。

下面给出一个独立时间推进的联邦成员 EM 的程序控制框架,其中所有处理的消息均按照 RTI 传输的顺序(RO)进行。Reflect Attribute Values 和 Receive Interaction 服务程序作为事件处理器,用于接收外部的属性更新和交互事件消息,并完成联邦成员的状态计算与更新和调度新事件。联邦成员 EM 调用

Update Attribute Values 和/或 Send Interaction 服务,对外部发送事件消息。

独立时间推进法的程序控制算法如下:

/ * 建立不受其他联邦成员逻辑时间约束的联邦成员 * /

如果仿真继续执行,则进行下列循环处理:

(1) 确定联邦逻辑时间 now;

(2) / * 发送事件消息,TS= now * /

联邦成员 EM 调用 Update Attribute Values 和/或 Send Interaction 服务,对外部发送事件消息;

(3) / * 接收和处理事件消息 * /

RTI 回调 Reflect Attribute Values 和 Receive Interaction 服务,接收并处理外部事件消息;

循环处理结束。

第 3 章　基于 MDA 的联邦式建模仿真

3.1　MDA 简介

3.1.1　相关概念

1. 系统

系统是由互相联系、互相制约、互相依存的若干组成部分结合在一起形成的具有特点功能和运动规律的有机整体。系统论的观点指出,观察问题要扩大研究的视野,即从系统的角度、从系统与环境协调的角度、从系统的长远发展角度分析和处理问题。本章就是从系统的角度出发,全面分析基于模型驱动架构(model driven architecture,MDA)的联邦式装备保障建模仿真技术的内涵和外延,形成基于 MDA 的联邦式装备保障建模仿真技术框架,用于指导仿真系统的开发。本章从两个方面体现了系统的观点:①对基于 MDA 的联邦式装备保障建模仿真开发的软件体系,从技术框架的提出到技术框架内部各个部分内容的描述都体现了系统的观点;②对于仿真系统的建模要素,本章按照系统论五元组的观点,结合仿真系统建设的实际需要提出了六元抽象的观点。

2. 领域

领域是指一组具有相似或相近需求和功能的应用系统所覆盖的区域。领域内的应用系统一般都具有许多相似的特性。现实世界问题领域的解决方法一般都是充分内聚和充分稳定的,从而决定了同一领域内各系统的需求和功能具有显著的共性,其实现也必然具有共性。比如,在装备保障仿真系统开发中,可以将与装备保障业务相关的模型归结在一起构成一个领域。该领域内的所有模型是相互关联的,具有充分内聚性。

3. 模型

模型是一个系统物理的、数学的或其他方式的逻辑表达,它以某种确定的形式提供关于系统仿真实体状态和行为表达的知识。模型是本章研究的核心,也贯穿本章始终的主线。

4. 模型驱动(model driven)

模型驱动是系统开发的一种方法,它增强了模型在开发中的作用。之所以用模型驱动作为名称,是因为模型贯穿了整个开发过程,包括理解、设计、构建、配置、运行、维护、修改,并在其中起到了指导性的作用。采用模型驱动的思想,抛弃了分裂分析模型与设计的开发思路,通过寻找单独的模型来满足分析与设计两方面的共同需要,这有利于增强需求分析人员和程序设计人员的沟通,提高系统的开发效率。

5. 模型驱动架构(MDA)

MDA 规定了使用的模型种类、预定模型的方法以及不同种类模型间的层次关系(如从重用角度划分的模型通用能力层次)。MDA 定义了模型的领域划分层次,本书依据这种层次的划分,将任何仿真系统的相关模型按照模型的重用层次由低到高的顺序,划分为应用域、服务域、体系结构域和实现域,各层次模型之间具有良好的松散性。同时,针对 HLA 结构的具体特点,对 MDA 的主题域划分进行了补充,提出了子域的概念。

6. 视点(viewpoint)

视点是一种使用架构概念和结构化规则来对系统进行抽象观察的技术,利用视点来观察系统可以将注意力集中到系统的某个特殊关注点上。这里的抽象是指过滤某些细节,并建立相对简单模型的处理过程。不同视点表达的系统描述称为视点模型。MDA 中定义了以下三个视点:

(1) 计算无关视点(computation independent viewpoint)。计算无关视点关注的是系统的环境以及系统的需求。在这种视点下,系统的结构和系统的处理过程被完全隐藏起来。

(2) 平台无关视点(platform independent viewpoint)。平台无关视点关注的是系统的运行,隐藏了特定平台所需的细节。平台无关表明了系统不会因为平台的不同而发生改变。平台无关视点模型可以用通用的建模语言,也可以使用系统特定的建模语言。

(3) 平台相关视点(platform specific viewpoint)。平台相关视点是将平台无关视点与特定的平台细节结合起来观察系统的抽象方法。

对应不同的视点,可以得到相应的不同模型:

(1) 计算无关模型(computation independent model,CIM)。计算无关模型是用计算无关视点观察系统并得到的系统描述。CIM 不显示系统结构的细节。CIM 有着非常重要的作用,它弥补了领域专家和设计专家对于域需求理解上的技术鸿沟。

(2) 平台无关模型(platform independent model,PIM)。平台无关模型是采用平台无关视点观察系统得到的系统描述。PIM 呈现了一定程度的平台独立性,它可以应用到众多不同的平台上。

（3）平台相关模型(platform specific model,PSM)。PSM 是用平台相关视点观察系统得到的模型。PSM 把 PIM 的定义和平台的细节一并考虑。PSM 是为某种特定实现技术而量身定做的,在 PSM 中用当前的技术来描述系统,PSM 只对了解相应平台的开发人员有意义。PIM 可以被变换成一个或多个 PSM,为每个特定的技术平台生成一个单独的 PSM,目前许多系统横跨一个或多个 PSM,因为一个 PIM 往往对应于多个 PSM。

3.1.2　MDA 研究现状

1. MDA 的产生与发展

MDA 是软件开发方法不断发展演化的产物,它是在面向对象的方法、UML 统一建模语言之后发展起来的。综合看来,软件开发方法发展至今,主要包括四种模式,即无模式的开发、结构化开发、面向对象开发和基于 MDA 的开发。

1) 无模式的开发

最初的软件开发没有具体的开发模式,程序员针对某一具体问题用机器指令编制代码,这个时期的开发只有编码阶段。程序员根据自己的理解用机器指令时问题域和解题域保持一致。

在这个阶段,软件基本上不存在重用。随着汇编语言的出现,完成某个功能的代码可以被写成一个过程,此时,开发者才想到重用从前编写的一些过程,从而提高开发效率。汇编语言使得无模式的开发逐渐消亡。

2) 结构化开发

操作系统和高级语言的出现大大改变了软件开发的面貌,程序员开始有了大量的库函数和系统功能调用,许多通用的功能都不必由自己来编码实现。但是在这一阶段,软件的复杂度也提高了,软件所要完成的功能扩展到了商务和工业等领域。

为了应对越来越复杂的问题,计算机科学家将目光投向问题域,将复杂的问题用标准化的方法分解成多个简单的问题,然后再利用软件逐个解决,这种方法就是结构化方法。

结构化方法是一种传统的开发方法,总的指导思想是自顶向下、逐步求精、单入口、单出口,基本原则是抽象和功能分解。结构化方法围绕实现处理功能的"过程"来构造软件系统,特别适合能够预先指定的系统的开发需求。随着结构化方法的出现,软件开发逐渐转向有组织、有计划的开发模式。

结构化方法简单实用、技术成熟、应用广泛。但对于大规模的项目及特别复杂的项目,结构化方法仍不太适应。难以解决软件复用问题,难以适应需求变化的问题,由此产生了面向对象的方法。

3) 面向对象开发

面向对象的业务建模采用构造模型的观点。在模型的构建过程中,各个步骤的共同目标是构造一个问题域的模型,在分析阶段把业务系统分解成实体及其关系,建模阶段则是解决这些实体和关系如何实现的问题。为实现上述目标,还要做一系列的工作,包括抽象、密封、模块化、层次化、类型化、并发化、持久化,根据这些概念已经提出了不少建模方法,其中,Coad/Yourdon、OMT、Booch 和 UML 建模的方法得到了广泛的认可。

(1) Coad 与 Yourdon 方法[4]。

Coad 与 Yourdon 方法严格区分了面向对象分析(OOA)和面向对象设计(OOD),对后来面向对象的发展具有很重要的影响。

① 面向对象的分析。Coad 认为,采用 OOA 的系统分析方法,可使得在人类的基本思维组织模式的框架内,来定义和传递系统的需求,即对象和属性、分类结构(类的组织)以及组装结构(整体与构件)。OOA 本质上是把焦点集中在对问题空间的理解上,将对象的属性与关于这些属性的专有方法作为一个实质整体来看待,可以用自治划分(对象之间的依赖最小)的方式来进行分析,并通过共有特性的显示表示来得到系统的层次。OOA 的具体过程包括对象认定、结构认定、主题认定、属性认定及方法认定等五个主要步骤。

OOA 方法的主要优点在于以下几点。

● 该方法运用人们认识客观事物的三个基本法则描述系统需求,符合人们的思维习惯,有助于系统分析人员和用户之间的理解和交流。

● 该方法侧重于对问题空间的表达,反映应用领域、用户所处环境和目标系统的本质需求。

● 该方法将对象属性和作用于属性的服务封装成一个相对固定的整体,实现了数据抽象和过程抽象的完美结合与统一。

● 该方法基于稳定的系统要素建立概念模型框架,使用高内聚低耦合的系统分块描述系统需求,保证模型具有良好的稳定性和应变能力。

● 该方法通过分类结构显式地描述公共的数据类型和加工处理,使模型的表达既简练又便于理解。

● 该方法提供了面向对象设计和实现的表达方式,能对后续的系统开发提供强有力的支持。

② 面向对象的设计。面向对象的设计包含类设计和应用设计两个部分,并且被融合在应用开发中。类设计可以隐含在应用设计中,而应用设计包含确定问题域中的各种实体以及实现求解的一些特定实体。每个实体的类型都引出类描述,一旦开发出概念上完整的类描述,就可设计出应用系统。通过连接类实例

(包括现实世界建模),利用它们相互间的作用,从而产生问题的解。

面向对象设计支持良好的设计风格,如模块化、信息隐藏、低耦合度、高聚合度、抽象、可扩充性以及可集成性等。同时,面向对象范式为软件模块的重用提供了强有力的支持。

(2)对象模型技术(OMT)[5]。OMT 是 J. Rumbaugh 在面向对象技术开发实践基础上提出的一套系统开发方法学。它以面向对象思想为基础,通过构造一组相关模型(对象模型、动态模型和功能模型)来获得关于问题的全面认识。

对象模型描述了系统中对象的结构,即对象的标识、与其他对象之间的关系、对象的属性以及操作。动态模型描述系统中与时间有关的方面以及操作执行的顺序,包括引起变化的事件、事件的序列、定义事件上下文的状态以及事件和状态的主次。功能模型描述系统内部数据值的转换,表示怎样从输入值到输出值,包括函数、映射、约束和功能性依赖。

上述三者从不同视角描述了系统的不同方面,同时也互相引用。对象模型描述了动态模型、功能模型所操作的数据结构,对象模型中的操作对应于动态模型中事件和功能模型中的函数;动态模型描述了对象的控制结构,告诉人们哪些决策是依赖于对象值,哪些引起了对象的变化并激活了功能;功能模型描述了由对象模型中操作和动态模型中动作所激活的功能,而功能作用在对象模型说明的数据上,功能模型还表示了对对象值的约束。

(3)Booch 方法。

Booch 是面向对象最早的倡导者之一,他的面向对象的开发模型分为逻辑设计和物理设计两个部分。逻辑设计部分包括两个部分:类图和对象图,着重于类和对象的定义;物理设计部分也包括两个模型:模块图和进程图,着重于软件系统的结构。Booch 方法还区分为静态模型和动态模型,静态模型侧重于系统的构成和结构,动态模型侧重于系统在执行过程中的行为。

Booch 方法的过程包括:①在给定的抽象层次上识别类和对象;②识别这些对象和类的语义;③识别这些对象和类之间的关系;④实现类和对象。这四个活动不仅仅是一个简单的步骤序列,而且是对系统的逻辑和物理视图不断细化的迭代和渐增的开发过程。

(4)UML 统一建模语言。

在 20 世纪 80 年代末至 90 年代,OMG 提出 UML,它不仅统一了 Booch、Rumbaugh 和 Jacobson 的表示方法,而且对其做了进一步的发展,并最终统一为大众所接受的标准建模语言。

UML 建模语言全面体现了面向对象的设计思想,它贯穿于系统开发的需求分析、设计、构造及测试等各个阶段,从而使得系统的开发标准化,同时具有很强的可扩充性。

面向对象建模方法是在软件工程领域随着面向对象程序设计语言的广泛使用,为了适应面向对象编程的需要而发展起来的。UML 作为面向对象的建模语言,其早期应用的目的主要是面向技术实现的。虽然 UML 在早期主要用于软件系统自身的建模,但是由于 UML 具有灵活的扩展机制,同时它也非常适用于问题领域的建模。随着 UML 的不断完善和发展,在很短的时间内,UML 已经成为软件工业中占支配地位的建模语言。UML 1.4 存在以下几方面不足:① UML 很多地方运用难以理解的书面语言来描述系统的功能,系统的行为和计算不易于理解和沟通,并且对数据操作没有进行定义,以至于对象之间的行为过程无法加以说明表示,这些都迫切需要一个标准化的行为语言来对系统的行为进行精确形式的描述;②UML 虽然是系统设计的一种标准描述语言,但是用 UML 进行分析、设计的模型是不可知的且不可验证的,这样不利于前期分析、设计中错误的发现,增加了后期开发的风险;③对于不同的实现平台,同样功能需求的系统建模其实现细节差别很大,从而系统构建的模型重用性就很低,旧的遗留系统必须与核心技术的实施平台、开发技术相协调,使得新旧系统之间的集成或系统在运用新技术进行重构时,需要进行系统模型的更新甚至完全重新建模,必然要浪费很多财力、人力;④此外,UML 有很多纷杂的标示注释,增加了学习和应用的复杂度,影响了软件开发的进度。

4) 基于 MDA 的开发

MDA 是在 UML 基础上提出的。OMG 于 2001 年提出 MDA 的概念,分离业务功能分析设计制品与实现技术之间紧密耦合的关系,从而使技术变化对系统的影响最小。MDA 是利用模型的抽象来解决稳定问题的。MDA 的思想并不是一个新的方向,它来源于 OMG 的将系统操作与系统所使用的平台相分离的思想。

MDA 的结构(图 3-1)可以分为三个依次包容的层次,从里向外分别是核心技术层、中间件技术层、公共服务层。核心技术层包括统一建模语言(UML)、元对象设施(meta object facility, MOF)、公共仓库元模型(common warehouse meta-model, CWM)以及基于 XML 的元数据交换(XML metadata interchange, XMI)等,这些核心技术直接面对系统结构的架构。其中 UML 主要用来实现过程和接口的形式化描述,并维护其一致性;MOF 提供了在 MDA 中使用的标准的建模和交换结构,它提供了模型/元数据交换和互操作的基础,同时也定义了针对应用的全生命周期中模型和实例操作的编程接口;CWM 则是 MDA 数据仓储的标准,它涵盖了从设计、创建到管理数据仓库的整个过程主要解决数据的建模、对象建模、资源库及数据转换等。

中间件技术层包括 CORBA、WebService、Java、.Net、XMI/XML 等。通过合适的映射工具,可以从用 MDA 核心技术表示出来的系统体系结构模型直接生成中间层代码。

公共服务层包括 OMG 从众多业务运行系统中提取出来的公共服务,如目录服务、安全服务、事务服务、事件服务等。这些服务可以方便地集成到最终的应用系统中,如医疗保健、电信、电子商务、制造等。

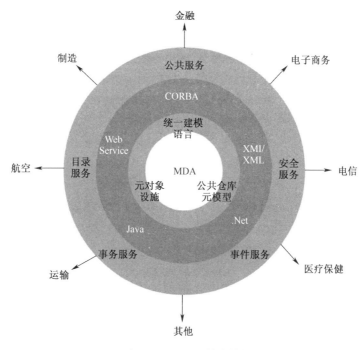

图 3-1　MDA 的技术结构

MDA 技术的核心思想就是元建模(Meta-Modeling)技术,即通过对 OMG 中不同的标准采用一个统一的元模型来将它们融合到一个统一的视角。其核心思想是采用了一个公共的稳定模型,它独立于语言、提供商和中间件。以这样一个模型为中心,用户可以利用 MDA 来派生针对不同平台的代码,即使底层的支撑环境发生了改变,这一元模型也是保持不变的,并能够移植到不同的中间件和平台环境下。

MDA 技术定义了一系列的规范来建立系统的模型,并提供了将系统基本功能的规范与具体实现平台的规范相分离的技术途径,实现了系统的互操作和可重用。它主要实现了以下两类应用:系统采用平台无关模型来定义,并能够通过辅助的映射标准在不同的平台上实现;不同的应用可以通过对它们模型的关联处理来进行集成,即使这些应用运行在不同的平台。

MDA 自提出以来,OMG 制定了一系列的标准来完善 MDA,为真正实现 MDA 的应用提供了良好的环境,并且为进一步推广 MDA,帮助 IT 组织尽快使用 OMG 的 MDA,OMG 发布了 MDA FastStart 计划。该计划帮助企业寻找有经验的服务商,在保障支出合理的前提下,帮助企业迅速开始 MDA 应用。MDA FastStart 的授权服务商名单迅速增长,至今已有几十家企业加入了 MDA 队伍。

在国外,IBM、Oracle 等在 OMG 的 MDA 思想推出不久都宣称在自己的企业级软件解决方案中融入 MDA 思想,两大建模工具商 Rational 和 Together 也声明自己的产品开始加入对 MDA 的支持。一些独立软件公司推出了自己开发的 MDA 系统工具,如 Compuware 公司的 OptimalJ、Interactive Objects 公司的 ArcStyler 以及 Telogic 的 Tau2 等。

另外,经过多年的研究和探索,已经有了成功应用 MDA 的案例,如用于政府医疗管理的 GCPR(government computer-based patient record project)的系统就是采用 MDA 架构开发的。

在技术融合方面,OMG 组织已经发布了 MOF 到 CORBA 平台的映射规则 UML Profile for CORBA Specification V1.0,Java、. Net 等开发平台也都正在推出将 MDA 的 MOF 映射到自身的映射规则,为真正实现 MDA 的应用提供了良好的环境。

在 MDA 概念基础上,国外一些组织提出了可执行 UML(eXecutable UML, xUML)技术,运用 xUML 技术可以实现 MDA 软件开发方法的思想,同时也有利于前期分析设计中模型的验证,新的基于 xUML 的 MDA 软件工程方法的出现,是软件系统开发方法的一个新的方向。

从 MDA 技术的由来和发展看,MDA 技术是面向对象技术的最新发展阶段,在未来的一定阶段内,MDA 将在各个领域发挥重要作用,与 MDA 技术的结合应用具有广阔的前景和强大的优势。

2. MDA 在仿真中的应用研究

1) MDA 在分布式仿真中的研究

由于 MDA 在提高模型重用性、增强仿真系统互操作能力方面的种种优势,目前已经开展了多项研究,将 MDA 引入分布式仿真领域。

(1) 基于 MDA 的应用工具开发。

康博公司推出的 OptimalJ 是针对 Java 环境的开发工具。它使用成熟的模式直接从可视化模型生成全面的、可运行的 J2EE 应用系统,实现了最好的实践经验并基于 J2EE 规则编写代码。OptimalJ 使用 OMG 的 MDA 标准,帮助简化开发,使架构师、设计人员和开发人员快速开发可靠的应用系统。在国内,2004 年金蝶软件在其 BOS 基础平台的发布会上声称 BOS 系统成功实现了 MDA。上海普元公司的 EOS 应用软件平台、北京凯科思特公司的 KCOM 商业工程企业应用平台都声称其实现了 MDA 方法。金蝶 EAS 4.0 产品研发过程可以抽象为三个步骤。第一步,建立元模型。元模型是建立模型的模型,元模型将管理软件的所有应用原子化,所谓原子化,即将所有应用进行原子化分解,细分到不能再分割的操作单元,每个操作单元即是一个原子化任务。元模型能将软件系统中存在的所有应用集进行原子化分解,为业务语言即描述特定领域业务的语言开发打下了基础。第二步,在元模型的基础上,运用建模工具建立业务模型,包括组织模型、功能模型、信息模型、流程模型等,这些模型属于平台无关模型。第三步,根据不同的平台,对业务模型进行编译,生成相应平台的实现模型。这样就将传统的业务模型和平台相关的实现模型分离开了,摆脱了管理软件对技术基础平台的依赖,同时,从业务模型到不同平台的实现模型都保留了一致性。同一套业务模型,既可以在 J2EE 平台上实现,也可以在 .Net 的基础上实现。

当前在分布式仿真领域,已经形成了不同的标准,如 DIS、RTI 1.3 NG 或 IEEE 1516,也形成了不同的商业产品。这要求在联合仿真开发中仿真模型能适应不同的分布式仿真标准和产品。澳大利亚公司 Calytrix Technologies Pty Ltd 在 SIMplicity 集成开发环境实现了 MDA 的核心概念。在用户接口层次,SIMplicity 为开发人员提供了一个确定仿真需要的平台无关模型和平台相关模型的基于 UML 的建模环境。建模过程支持仿真开发全寿命周期的开发人员的设计、实现和执行阶段。根据模型,代码生成引擎将用于自动创建所有的集成和组件的框架代码,以支持目标平台相关的中间件的仿真设计。SIMplicity 采用基于 MDA 的设计和开发过程。M&S 组件可以从不同的平台和中间件导出,如不同的 RTI(run time infrastructure) ,如 RTI1.3、RTING 或 IEEE 1516,或基于不同的 DIS 协议生成。SIMplicity 已经证明在资源仓库中以 PIM 形式引用的组件在快速集成方面是柔性和有效的。

（2）MDA 思想与其他技术结合的应用研究。

① 基于 Web 的仿真体系——可扩展建模仿真框架 XMSF。基于 MDA 的元模型思想和 Web 技术,美国海军研究生院、乔治梅森大学以及 SAIC 公司等组织的研究人员一起于 2002 年 4 月提出了可扩展的建模与仿真框架(XMSF)。XMSF 通过尽量采用大量成熟的商业化标准和框架,如 Web Service、XML、X3D(Extensible 3D)、UML 等进行仿真应用系统之间的松散集成,支持建模仿真系统与指挥控制通信系统之间的互操作,保证仿真的可组合性及可伸缩性,使之能够满足训练、分析、采办及作战人员的广泛需求。XMSF 包括基于 Web 建模仿真中可组合的一系列标准、接口描述规范及实践指南。XMSF 为仿真系统、异构系统

之间的互联提供可持续的互操作、可重用和可组合能力奠定了研究基础,并提出可行的应用需求。XMSF 中成熟和标准化的技术与框架使得仿真系统定义、大规模仿真联邦执行、基于网络的教育和训练以及网络可伸缩的分布式大规模虚拟环境的实现成为可能。

当前 XMSF 正在研究支持美国空军的联合合成战场空间(joint synthetic battlespace,JSB)、基于 XML 的指挥控制信息交换数据模型(the command and control information exchange data model,XML C2IEDM)、基于 XML 的战术通信(XML-BASED Tactical Chat,XTC)等系统中进行应用。另外,为验证 XMSF 的有效性,2004 年,以美国海军研究生院的离散事件仿真系统 SimKit、海军仿真系统(naval simulation system,NSS)作为基于 Web 服务的仿真系统,与陆军和海军陆战队的新一代战区层地面战分析工具 Combat XXI 和联合战区层仿真系统 JTLS(joint theater level simulation)进行了基于 XMSF 的互联演示验证。XMSF 提出为确保可持续的、有意义的互操作性、可重用性和可组合性,必须考虑概念模型的可组合性,提出了新开发的仿真系统和系统移植必须从概念层次(conceptual level)、语用层次(pragmatic level)、语义层次(semantic level)、语法层次(syntactical level)和技术层次(technical level)进行信息交互、仿真描述和组合信息抽象,形成一种可应用的工程化方法,进而可以采用基于 MDA 的思想,通过包含相关元数据和元模型的资源仓库对模型和仿真资源进行管理。

② 基于构件的仿真开发研究。基于构件的软件开发强大的可复用性和良好的易用性,使得系统仿真尤其是分布式仿真领域的开发与研究人员开始尝试基于构件的仿真应用开发。基于构件的开发是 MDA 方法的基础。仿真组件模型(simulation component model,SCM)为基于组件的仿真开发提供了标准化的模型定义,它描述了如何将 HLA 联邦成员的综合逻辑与仿真行为进行分离。国内,一些单位也对基于构件的仿真系统开发进行了系统的研究。由于构件本身固有的特点(如即插即用、高封装性、自主性等),在分布式计算中采用构件技术是可行的,构件可以作为分布式计算的基础单元。同时,提出了基于构件的 HLA 仿真框架,该框架采用一个中间件层 CSCI 用于提供一个标准接口供构件与仿真环境交互;设计了构件对象模型(COM)用于描述一个构件发布给其他构件的属性和交互。基于构件的 HLA 装备保障仿真研究提出了创建基于软件构件的 HLA 仿真及其支撑环境的构想,利用构件技术改善 HLA 仿真应用的开发、管理,从而提高仿真系统的开发效率、降低仿真系统开发成本和维护难度,并支持 Web 仿真。目前,在一些仿真系统的开发实践中应用了构件相关技术,如美国与荷兰联合研制的 JSF 训练模拟项目。

③ 仿真模型可移植性规范。随着计算机技术的发展,工程层次上多领域、

多组织和多层次的仿真模型开发与集成方法也获得了很大发展。2000 年欧洲航天局借鉴 OMG 组织的 MDA 思想,将仿真模型的设计信息与运行信息相分离,提出了仿真模型可移植性(simulation model portability,SMP)规范,并将 SMP 规范应用于欧洲航天技术中心的伽利略系统仿真辅助工具(galileo system simulator facility,GSSF)。欧洲航天运行中心的金星探测和火星探测计划,支持航天系统概念设计的协同仿真环境等工程总体论证项目中,实现了不同领域和不同组织仿真模型可持续的开发和集成。

SMP 的目的是提供一个模型开发框架,以实现仿真模型的平台独立、跨仿真平台重用和集成。2004 年,SMP 2.0 借鉴了 OMG 的 MDA 方法,抽象出了工程层次仿真模型的元数据信息,强调仿真中平台独立模型与仿真平台相关模型的概念,所有的 SMP 2.0 模型都采用公共的高层抽象概念开发,这些概念涵盖了基本的模型描述和模型互操作模式,使得模型能在抽象层次上描述,形成与平台无关的仿真模型。SMP 2.0 组件模型规范提供了基本的模型框架及仿真运行框架,包括模型体系构成、仿真模型之间的互操作方式、仿真模型与其他组件模型之间的访问机制及相关的仿真服务等。SMP 2.0 标准采用基于 XML 的仿真模型定义语言(simulation model definition language,SMDL)描述仿真模型的设计信息和装配信息。

2) 基于 MDA 的 HLA 仿真研究

将 MDA 的相关技术、思想融合到 HLA 中的主要技术途径,主要包括五部分内容:将 MDA 中有关的标准化领域功能集成到 HLA 中;将 HLA 中所定义的 RTI 的相关服务和 MDA 中的公共服务进行协调、扩展;将 RTI 作为中间件;通过 MDA 技术引入一个总体的 PIM 实现对联邦开发工具开发标准化;研究实现数据工程中的获取、管理等问题。近年来,围绕这几个方面展开了一系列的研究。

从 1997 年秋天开始,仿真标准与互操作组织(SISO)下属的参考联邦对象模型(RFOM)研究组就致力于研究和定义用户对于 RFOM 的需求。此研究的目标是进一步鼓励和指导 FOM 开发。RFOM 包含了 HLA 对象模型模板(OMT)兼容的表格和元数据,描述了在多个联邦中可以重用的对象类、属性、交互及其他相关元素;RFOM 研究组定义了五种互相独立的 RFOM 模型,基本对象模型(base object model,BOM)就是其中之一。BOM 的概念起源于简化 FOM 或 SOM 的开发和提高对象模型的重用性。BOM 能够作为开发和扩展联邦、独立邦员、FOM 或 SOM 的构建模块,提高联邦开发过程中的基于 HLA(high level architecture)的仿真系统集成能力。BOM 定义的元素包括对象类、交互类、交互模式、状态机和事件。BOM 主要由模型标识、概念模型、HLA 对象模型以及模型映射四个模板组件构成。模型标识用于指定关键元数据信息,通常包括用例、概念模型信息、设计应用领域和范围、集成历史、修改历史等。元数据不仅使 BOM 更易于理解，而且使基于 XML 的 BOM 检索、选取、应用过程更加容易，从而提高仿真邦员的可重用性。概念模型包含相关信息以描述概念模型中的交互模式如何发生，活动序列以及所使用的实体类型和事件类型。BOM 可以通过聚合或组合的方式形成更高层的 BOM，称为 BOM 装配。BOM 装配描述与普通 BOM 基本类似，但其模式描述中对每个动作要列出其引用的 BOM，而动作的相关事件不用描述。组件化开发思想就是把可以重用的模块按照统一的标准规范集成在一起，从而达到快速和高效构成某种应用的目的。这种思想在软件开发领域取得了巨大的成就，因此也吸引了仿真开发组织的注意力。HLA 的两大目标就是互操作和重用，BOM 概念的提出和实践充分体现了资源重复利用和模块化开发的思想，提高了模型和仿真的开发效率，推动了建模和仿真的发展。从广义上来说，BOM 体现了 MDA 的思想，将分布式仿真中的设计模型与实现模型相分离，便于在联邦开发中基于统一的与平台无关的规范支持仿真模型的设计、测试和集成。

由于 MDA 软件开发思想在提高模型重用能力方面的优势，近年来，国内外针对 MDA 与 HLA 的结合研究进行了一系列的探讨分析。研究认为，将 MDA 的概念应用到 HLA 的仿真程序的开发中，需要三个主要的前提条件：联邦成员组件模型（federate component model，FCM）、针对 HLA 的 UML Profile 和支持 MDA 开发过程的统一开发工具。通过设计联邦成员组件模型，为 HLA 提供了一个统一和标准的仿真联邦成员组件的开发方法。通过设计针对 HLA 的 UML Profile，保证了 UML 对 HLA 仿真的完整描述，有助于解决平台无关模型在 HLA 中向平台相关模型转换的问题。但是由于 UML 本身在对模型行为等方面表达的欠缺，UML Profile 仍需进一步扩展，以便全面、完整地描述模型。这也是今后研究的一个新的方向。

从仿真系统开发过程的角度，将 MDA 与 HLA 技术相结合，提出了基于 MDA 的联邦开发和执行过程，研究了基于 MDA 仿真模型的开发过程，强调了 MDA 方法对模型构建的标准化和自动化程度提高的影响。

3.2 基于 MDA 的作战仿真建模思想

3.2.1 MDA 技术分析

1. MDA 的主题域划分

对于任何一个系统而言，无论是处于 PIM 建模阶段还是 PSM 建模阶段，都可以对模型进行进一步的类别划分。MDA 的一大优势就是采用主题分解的方法对系统进行分解,将系统划分为无耦合关系的若干部分,以提高系统的重用性。

主题分解是被接受程度最高的成熟的分解策略之一。主题分解的基础是任何系统都是由一系列主题所组成的,主题即域。每个域包括一系列类,可以用 UML 中的一个包表示。

域(domain)是由一组独有的类的集合所组成的一个独立的世界,这个世界可以是真实的、假设的或是抽象的。这些类的行为由域所特有的规则和策略组成。一般地,一个系统中的域可以划分为四类,即应用域、服务域、体系结构域和实现域,如图 3-2 所示。这四个域是按照模型的通用性来划分的,图中由上至下,域中模型的通用性逐渐增强。

① 应用域(application domain),是从用户的视点表示系统的目的。通常情况下,这种域将形成与最初的最终用户需求最接近、最直接的匹配关系。

② 服务域(service domain):与应用类型有关的基础服务。

③ 体系结构域(architecture domain):表示在全局范围内应用的设计和编码策略。所有域的分析都是基于体系结构域进行的。

④ 实现域(implementation domain):表示已有的组件。包括:将被复用的已有的软件组件;将作为开发过程的一部分而建造的一些软件;购入的组件,如编译器和数据库。

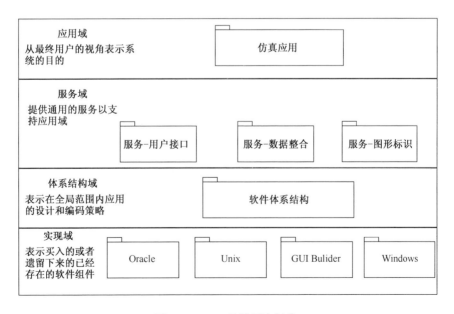

图 3-2　MDA 的域层次划分

2. MDA 开发生命周期

图 3-3 中显示了 MDA 的开发生命周期。具体地说,进行基于 MDA 的开发包括以下三步:

(1) 建立该应用的平台无关模型 PIM。PIM 利用 UML 中合适的核心模型进行表示,而这一核心模型一般采用的是 UML Profile 的表示形式,目前,对象管理组织已经或正在建立不同领域的 UML Profile。

(2) 实现从 PIM 到 PSM 的转换。PSM 是通过利用标准的转换规则来对 PIM 转换后获得,这里,PIM 定义了应用所涉及的功能,而 PSM 则明确了这些功能如何在一个具体的平台上实现。

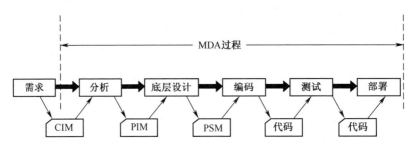

图 3-3　MDA 的生命周期

(3) 从这些具体的 PSM 中生成代码,并对代码进行测试、集成。

3. MDA 带来的好处

就整个软件工程领域来看,MDA 能够提高生产效率,提高了系统可移植性,增强系统的互操作性并最终提高软件系统的质量。由于软件技术的高速发展,与特定技术相关的应用系统中最有重用价值的设计随着技术的变迁而失去意义。而 MDA 却可以使系统概念设计的重用成为可能。MDA 从真正意义上应用各种最佳模式去实施各种标准和准则,其优势包括以下几个:

(1) MDA 实现了对应用标准的重用。通过将领域标准中最重要、最具有重用性的概念设计部分提取固定下来,MDA 使存在的标准能够在新技术上快速而且廉价地被认识和重用。

(2) MDA 实现了系统设计的重用。由于系统设计与软件技术不发生关系,MDA 所设计的模型只与现实业务相关,该模型可以利用模型转换映射技术实现针对任何软件平台的实例化,从而控制了开发过程中系统升级成本和系统集成费用。

从 MDA 和 HLA 的结合来看,MDA 将为 HLA 技术带来以下优势:

(1) MDA 与 HLA 的技术思想有良好的融合基础。MDA 和 HLA 技术的目的都是解决目标系统的互操作和可重用问题,这就决定了两者在解决问题的出发点和实现技术上有相通之处。而区别在于,MDA 由于将应用系统的行为逻辑从特定的支撑环境和平台中抽象出来,并采用广泛支持的可视化建模语言进行描述,在更大程度上实现了系统的互操作和可重用,而 HLA 仅在 RTI 平台技术的范围内实现互操作和可重用。因此,应用 MDA 技术思想扩展 HLA 的应用领域有"天然"的技术优势。

（2）将 MDA 技术应用于 HLA 提高了仿真模型的可重用性,降低了仿真系统开发费用。在联邦开发过程中,仿真模型分为 PIM 和 PSM。联邦开发人员可以根据需求,选取已有的业务领域 PIM,通过与新业务 PIM 的集成生成新的联邦成员;如果使用相同的平台,则可以使用已有的 PSM,这样可以在很大程度上降低开发人员的工作量,从而节约开发费用。

（3）将 MDA 技术应用于 HLA 提高了仿真系统开发效率。开发人员设计完成描述系统行为逻辑的 PIM 后,PIM 到 PSM 以及代码的生成、系统的集成和测试均可由工具自动完成。虽然工具的研制和开发的工作量不小,但可以做到一次开发、终身受益。此外,PIM 的可读性和可维护性较强,易于开发人员相互沟通,进行修改和完善。

（4）VV&A 过程可以与仿真系统开发同步进行。由于 MDA 过程中生成的 PIM 模型具有可执行性,保证了模型的校核、验证可以从系统分析阶段进行,能够充分体现 VV&A 过程。

（5）联邦各开发阶段的一致性与连贯性较好。由于 MDA 的技术思想是将模型的构建、模型与模型的转换、模型与代码间的转换都统一到一致的技术框架下,提供了一致的解决方案,实现了系统开发的标准化和自动化,这使得联邦开发过程各个阶段的工作具有较好的一致性和连贯性,各阶段的工作可以相互支持,逆向验证,进一步规范和统一了联邦开发过程。

3.2.2　基于 MDA 的联邦式装备保障建模仿真技术框架

1. 仿真模型体系结构规范

根据 MDA 对系统主题域划分的描述,结合 HLA 仿真体系结构特点,本书提出了仿真模型体系结构规范,也就是对仿真系统的主题域划分,如图 3-4 所示。从总体框架来看,四个主题域的划分与一般的 MDA 系统划分相同,即分为应用域、服务域、体系结构域和实现域。图中由上至下,主题域模型的通用性也是逐渐增强的。但在域的内部根据联邦式仿真的开发需要,设计了特别的子域。子域(subdomain)是本书中提出的概念,它是对主题域的进一步划分,有利于进一步降低模型之间的耦合度,也便于业务模型的区分。下面对各个主题域及其子域模型进行说明。

1）基于 MDA 的联邦式装备保障建模仿真系统的应用域

应用域是关于仿真应用系统业务功能的主题域，一切与系统用户需求相关的内容都包括在这一部分。每个应用域又可以根据模型的不同类别划分成不同的子域，以提高模型的重用能力。对于某个子域而言，如果有必要，可以进一步划分为更下一层的子域。比如，在一个作战仿真系统中，业务模型应用域可以包括实体应用模型子域、命令应用模型子域、命令解析应用模型子域和执行行为应用模型子域等。而对于实体应用模型子域也可以划分为作战实体应用模型二级子域和保障实体应用模型二级子域等。子域中又包括各种实体模型，如保障实体应用模型二级子域中就应当包括保障群类模型、保障队类模型等。

由图 3-4 可以看出，与 MDA 的通用划分在应用域的最大区别就是对于联邦成员子域的设计。联邦成员子域是为了适应 HLA 仿真系统开发的需要而特别设计的，用于解决仿真时间控制、为联邦成员提供统一句柄等与 HLA 仿真服务紧密关联的功能需求。这样做的好处是，应用域中的其他子域并不局限于在 HLA 仿真中的使用，可以方便地移植到其他的应用开发中。当进行基于 HLA 的仿真系统开发时，应用子域中的模型通过与联邦成员子域模型集成的方式，生成具体仿真应用的联邦成员，实现仿真功能。

2）基于 MDA 的联邦式装备保障建模仿真系统的服务域

我们都有这样的认知，对于一个系统的开发，除了一些核心的业务模型外，为了提高可视化程度、操作简便、界面美观等其他的需要，往往还需要其他模型的支持，这些模型就是包含在服务域中的模型。

服务域包括用户接口设备域、日志管理域和 RTI 域等。其中，用户接口设备域、日志管理域是通用的服务域，可以与其他应用系统共享。RTI 域是基于 MDA 的联邦式装备保障建模仿真技术框架所特有的服务域。由于 HLA 只是在仿真的高层次最低限度地确定了仿真应用共同遵循的设计规范，以保证系统各部分的互操作性和重用性，而 HLA 框架本身没有限定仿真系统的实现方式，允许底层的运行支撑平台 RTI 进行独立的设计和改进，这种特点使得将 RTI 作为一个域看待成为可能。在 MDA 开发的各个阶段，可以通过设计联邦成员大使 Federate Ambassador 类的 PIM 和 PSM 模型，实现对 RTI 功能的描述。

3）基于 MDA 的联邦式装备保障建模仿真系统的体系结构域

开发一个系统，无论是系统的分析设计阶段还是实现阶段，都会选择一种表达方式，也可以说是某种语言。这种语言可能是已经规范化的，如 UML、XML等，也可能是未被规范化表示，仅为沟通需要而采取的一种自定义的语言，如图表等。不论是哪一种语言，为了在理解上保持一致，都以一定的基本规则，如 UML 表达的是面向对象的思想，包括对类、属性、操作的定义等，这就是体系结构域所要提供的元模型。

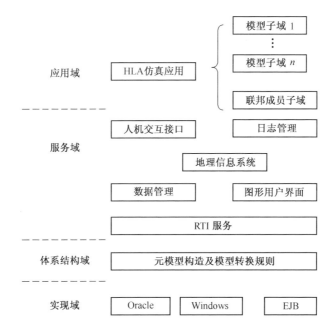

图 3-4　基于 MDA 的联邦式装备保障建模仿真模型体系结构

就基于 MDA 的联邦式装备保障建模仿真体系结构域而言,它描述了元模型的构造以及模型的转换规则。主要包括三个方面:①提供基于 MDA 的联邦式装备保障建模仿真系统的元模型结构,为 HLA 模型的表达提供统一的描述语言;②提供模型转换映射规则,包括 PIM 到 PIM 的转换规则,PIM 到 PSM 模型的转换规则,PSM 到 PSM 模型的转换规则,PSM 到 PIM 模型的转换规则以及 PSM 到代码的转换规则;③描述不同主题域之间、子域之间模型的集成方法。在 HLA 仿真应用中,实现主题域的集成至关重要。由于 MDA 主题域间的松散性特点,将 HLA 仿真公布/预定信息过早地设计在应用域中将影响模型在其他非 HLA 开发的应用中获得重用。因此,必须考虑应用域模型与 RTI 服务域的集成方法和规则,在集成中实现对象类属性的公布/预定设计,确保 HLA 仿真的有效性。

4) 基于 MDA 的联邦式装备保障建模仿真系统的实现域

实现域的定义比较容易理解,它是进行系统开发的一些可用的基础构件,包括现有的一些购置软件系统,如 Oracle、Windows 等。

采用基于 MDA 的联邦式装备保障建模仿真技术框架开发的仿真系统就是通过组合以上四种域的功能,对不同主题域的模型进行集成,来实现仿真能力的。

2. 仿真系统开发过程规范

基于 MDA 的联邦式装备保障建模仿真系统开发过程如图 3-5 所示。从功能上看,整个仿真系统的开发过程可以划分为四个子流程:①基于 MDA 的联邦式装备保障建模仿真平台无关模型的建模过程;②基于 MDA 的联邦式装备保障建模仿真的模型转换映射过程;③基于 MDA 的联邦式装备保障建模仿真的模型集成过程;④基于 MDA 的联邦式装备保障建模仿真的 VV&A 过程。在整个开发过程中,体系结构域的作用贯穿始终。

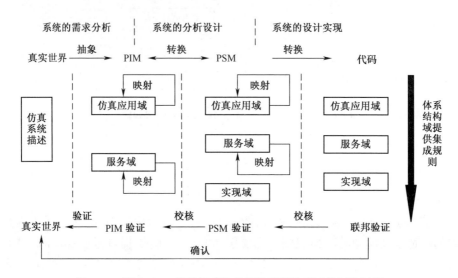

图 3-5　基于 MDA 的联邦式装备保障建模仿真系统开发过程

1) 基于 MDA 的联邦式装备保障建模仿真系统平台无关模型建立

由 MDA 的核心思想可知,进行基于 MDA 的应用开发首先需要建立平台无关模型。一般地,研究 PIM 的建立需要考虑两个方面:①如何对仿真实体对象进行合理的抽象,提取仿真所需的关键属性,使其满足仿真的需要;②如何将抽象后的模型规范地表达出来,以便于仿真的重用。针对这两个方面,具体地说就是要讨论模型建模的抽象方法和模型的表达语言。

关于抽象方法,采用了六元抽象的方法,即将系统中的各个部分抽象为系统内涵、系统要素、系统结构、系统状态、系统运行和系统功能中的某一元,并表示为 PIM 的任务空间、仿真实体、实体关系、实体状态、实体行为和实体交互。这种方法是在美国 EATI 的基础上进行完善提出的,能够更加完整地表达模型。

MDA 的最主要目的就是提高系统的重用性,因此选择标准的建模语言是实现 MDA 的重要基础。UML 是目前较通用的建模语言之一,它比 XML 的应用范围更为广泛,与各种编程语言的转换工具也较多。但是普通 UML 语义的不完整性和二义性使得 UML 模型不能运行。而对于作战仿真系统,特别是装备保障仿真系统而言,它的一个重要特征就是仿真实体的状态繁多、动作复杂。因此,在建模语言的选择上,应当注重对模型动作语义的描述。针对以上问题,采用可执行的 UML 语言进行 PIM 的表达。可执行 UML(eXecute UML,xUML)是 UML 的一个配置文件,它采用行为描述语言,精确定义了一个最新的 UML 子集的执行语义,这个子集完全是可计算的,任意的模型都能被编译和运行。与 UML 相比,xUML 具有精确定义的语义、专门的动作规约语言和与 MDA 的紧密配套性,这些优势使得 xUML 更适应于 MDA 中 PIM 的建模表达。

2) 基于 MDA 的联邦式装备保障建模仿真系统模型转换映射

PIM 建立后,就要进行模型的转换映射。从仿真过程中可以看出,MDA 的转换映射规则贯穿始终,这些规则都是由体系结构域预先提供的。模型的转换映射包括:PIM 到 PIM 的映射规则;PIM 到 PSM 模型的转换规则;PSM 到 PSM 模型的映射规则;PSM 到 PIM 模型的转换规则;PSM 到代码的转换规则。具体地说,PIM 到 PIM 的映射主要用于平台无关模型内部的精炼与抽象,如分析模型到设计模型的转换,PIM 到 PIM 的映射通常与模型的细化有关,它作用于系统的需求与分析;PIM 到 PSM 的转换在已经充分细化的 PIM 需要映射到具体的运行基础结构上时进行,此时通常需要附加许多平台相关的概念,它作用于系统的分析与设计;PSM 到 PSM 的映射用来精炼模型实现和部署过程中有关模型之间的关系,比如具体服务的选择和属性配置,通常与 PSM 的细化有关;PSM 到代码的转换过程是系统的设计实现过程,完成了仿真系统的最终开发。图 3-5 中 PSM 与 PIM 的转换用双向箭头表示,这是因为 PSM 到 PIM 的转换是一个逆向工程,当 PSM 业务领域的信息被改变时,需要将这个改变反映到 PIM 中,使 PIM 与 PSM 保持同步。

在以上五种转换中,PIM 到 PSM 的转换最为重要,这一步是进行 MDA 系统开发的必要环节。

3) 基于 MDA 的联邦式装备保障建模仿真系统模型集成

从仿真开发的纵向看(图 3-5 中用粗箭头表示),在模型的各个阶段(PIM、PSM 或代码)基于 MDA 的联邦式装备保障建模仿真开发过程表现为模型间的集成过程。为了保证模型内部的紧耦合性和主题域之间的松散性,不同域的模型间应保证彼此的透明性,防止无关域知识对特定主题域的污染。但是,在仿真系统的开发中,各个域模型间不可避免地要进行交互,这就涉及域的集成问题。

就联邦式建模仿真系统开发而言,对于一个联邦成员的实现,需要进行两个方面的模型集成,一个是联邦成员内部实体模型的集成;另一个是联邦成员与其他联邦成员的集成。在 HLA 中联邦成员之间的集成是通过 RTI 实现的。本书在进行主题域划分时,将 RTI 作为仿真系统开发的服务域,这样划分与通常将 RTI 作为平台看待有所不同。这就使得联邦成员之间的集成转换问题为联邦成员与 RTI 的集成问题,需要设计联邦成员与 RTI 集成的整合模块,实现模型统一管理、RTI 服务调用、实体模型执行线程与仿真主进程之间的协调等功能。

4) 基于 MDA 的联邦式装备保障建模仿真系统 VV&A

通过以上三个过程,已经按照 MDA 的思想完成了 HLA 仿真系统的开发。但是,随着仿真规模的不断扩大、仿真模型复杂度的不断提高,必须对仿真系统的可信性进行测试。因此,需要在基于 MDA 的联邦式装备保障建模仿真系统开发过程中进行模型 VV&A。基于 MDA 的 HLA 仿真的 VV&A 过程,对模型的校核、确认、验证贯穿了仿真系统开发的始终。在本书中提到基于 MDA 的联邦式装备保障建模仿真系统平台无关模型采用 xUML 进行表达,这使得模型在 PIM 和 PSM 阶段就可以执行验证,为 VV&A 的顺利进行提供了技术支持,保证了模型的准确性,减少了仿真系统重新开发的可能。

基于 MDA 的联邦式装备保障建模仿真系统 VV&A 过程可以分为仿真模型验证和联邦验证两个阶段。

通过对主题域模型的划分,并按照仿真系统开发过程的方法和步骤就能够进行基于 MDA 的联邦式仿真系统开发。同时,在开发过程中产生的各阶段模型可以按照类型放入不同的主题域模型库中进行统一管理,以利于后续系统开发时的重用。

第4章　主题域平台无关模型的建立

4.1　仿真应用域模型表达的六元抽象方法

4.1.1　六元抽象方法的基本原理

系统理论认为,任何系统均是由相互作用和相互依赖的若干要素组成的具有特定功能的有机整体;系统要素按照一定的方式结合呈现出特定的结构特征;系统要素按照其内在的规律性相互作用,表现出特定的内部和外部功能特征;在系统要素相互作用的同时,伴随着物质、能量和信息的转移与转换,并导致要素状态的更新;系统具有相对的独立性,有其特定的内涵与外部环境。传统的系统概念认为,系统包含五个要素:功能、组元、结构、运行与环境。

系统论中,功能是指将一定的输入(外界对系统的作用)转换为一定输出(系统对外界的作用)的能力。认识系统,首先认识它与外部相互作用时表现出来的功能而不是内部情况,这是人们认识客观事物朴素的整体观。组元、结构、运行与环境是影响系统功能的四个要素,它们对功能的影响及它们之间相互联系、相互作用的规律,就是著名的"系统功能原理",是系统理论研究的基本内容之一。

组元是指组成系统的成分,每个系统都有两个以上的组元。组元是构成系统的实体,离开组元,系统就不复存在。组元对系统功能的影响,首先通过结构,然后通过运行表现出来。因此,在描述一个系统时,组元是必须描述的,用系统要素来表示。

系统的组元之间总是以某种方式相互联系和作用的,将系统组元在数量上的比例和空间或者时间上的联系方式称为系统结构。系统结构在一定程度上由系统组元来决定。结构是组元的特定结合形式,并决定了每个组元在特定环境条件下工作。结构是完成系统功能的基础,如果组成相同而结构不同,系统常常会表现出特殊的功能。因此,在描述系统时,系统结构也是一个重要的要素。对于一个系统,结构并不能将系统的功能完全确定下来,系统的功能还与系统运行有关,主要是与系统主体的决策行为有关。结构给予主体的决策以强制性约束,如规定决策范围和内容。但在这种约束下,主体的决策仍然有许多方案可供选择。不同方案的选择导致不同的行动、不同的实践效果,从而使系统表现出不同的实际功能。运行同结构一样,是系统主体实现特定的功能、达到特定目的的手段。因此,系统运行也是描述系统的一个重要方面。

对于每个系统要素,在系统运行过程中必然表现出各种动态或者静态的属性,系统要素的所有属性构成整个系统的状态。于是,引入系统状态来描述系统在运行过程中表现出来的静态或者动态特征。

由系统功能的定义知道,系统必然存在与它相互作用的外界,这个客观存在的与系统有着较密切联系的外界就是系统的环境。系统的环境我们认为可以包括外部环境和内部环境。外部环境也就是系统边界问题,在系统内涵中进行定义,内部环境就是系统组员运行时的自然或社会环境,可以作为系统的一个要素来进行描述。

这就是六元抽象描述系统的思想来源。在系统五要素中,系统状态的描述是放在系统组元的属性中表达的,但是就复杂大系统的建模而言,属性表示的是状态的瞬时值,还有必要单独对系统的状态进行动态分析。系统概念的五要素与六元抽象描述具体的对应关系如图 4-1 所示。

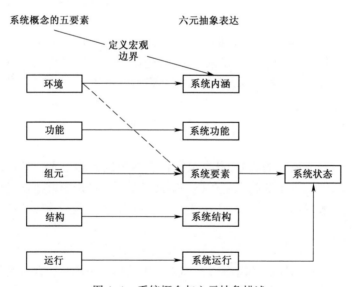

图 4-1　系统概念与六元抽象描述

根据上述对应关系,为了能正确、完整地描述一个仿真系统,我们认为需要从以下六个方面来描述:

(1) 系统内涵。系统的存在是客观的,系统的内涵可以看作相对独立的研究对象或问题域。在作战系统仿真模型中,将作战空间内相互作用的所有要素,如政治机构、作战部队、作战装备和自然环境等都视为问题域的研究范畴,并将研究范畴看成一个封闭式系统。也就是说，只考虑内部要素的相互作用，而"不存在"或者不考虑系统与系统外部环境的相互作用。作为对实际作战系统的第一次抽象和表达工具，系统内涵可用包含若干维变量(如战争的参与者、对象、方式、时间、地点等)的作战空间予以描述。这些变量反映了战争的本质特征，同时也限定了所研究对象系统的内涵。

（2）系统要素。系统要素是指系统的各个部分的集合，其中每个部分都称为系统的要素。作为系统概念中要素的"组成"一词，是指系统要素的集合，即每个系统都有两个以上的要素。不同的作战系统中包含有不同的要素，如政治机构、经济单位、作战部队、武器装备、自然环境等。在作战系统的建模中，可以将这些系统要素统一抽象为实体。

（3）系统结构。系统结构就是系统诸要素之间的相互关系、相互作用的总和。它构成了系统内部相对稳定的组织形式和结合方式，即组织整体。系统要素的空间分布和连接，形成了子系统在空间上的有序性，这就是系统结构。系统要素之间的关系包括组合关系、类属关系。组合关系表示了某要素是其他某几个要素的综合，即这个要素是由其他几个要素组成的。类属关系表示了要素之间的从属性，即某个或某几个要素属于更高层次的另一个要素。作战系统的结构是指各类要素(部队、装备等作战实体)之间的相互关系，表明了作战系统各要素之间的静态特征。比如，作战系统中，部队的编制关系、武器系统及其组成部分都是组合关系。类属关系比较常用于面向对象的系统开发中。

（4）系统状态。系统状态用于描述系统在某一特定时刻的静态特征。对任何系统的动态研究，都需要分析系统的状态转移过程。在作战仿真系统中，对作战系统状态的描述离散化为对其内部所含的各个要素状态的描述。

（5）系统运行。系统的运行是指系统状态随着时间的推移而不断变化的过程，反映了系统的动态特征。在作战仿真中，由于系统状态用作战系统中的实体状态描述，因此作战系统的运行就用实体的状态变化过程，用实体行为来表示。

（6）系统功能。系统功能是系统与环境相互关系中表现出来的系统总体的行为、特性、能力和作用的总和。就系统而言，其功能一般应从两个方面进行考察：①系统内部功能，是系统内部要素之间的相互作用和相互影响，它体现系统内部要素的输出能力；②系统外部功能，是系统(内部要素)对其环境的作用和影响，它体现系统整体的外部能力。在作战仿真系统的建模过程中，由于战争空间内的所有相互作用实体均被认为是系统的内部要素，所以模型的表达只需考虑系统的内部功能，即作战实体实施的各种行为所产生的相互作用和相互影响。

由于系统五元组的思想对于任何系统都具有普适性，基于这种思想的六元抽象方法也就有普遍适用性。

4.1.2　仿真系统与应用域平台无关模型的映射关系

图 4-2 显示了基于六元抽象方法的系统与应用域平台无关模型表达的对应关系。

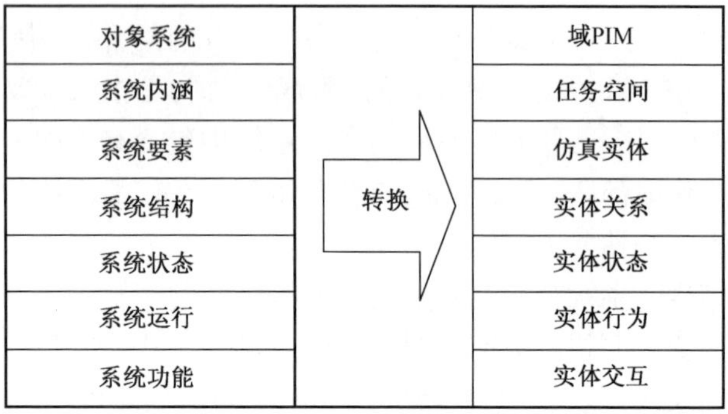

对象系统		域PIM
系统内涵		任务空间
系统要素		仿真实体
系统结构	转换 ⇒	实体关系
系统状态		实体状态
系统运行		实体行为
系统功能		实体交互

图 4-2　系统与 PIM 转化的对应关系

按照系统相似性原理,仿真模型与实际系统应具有某种或某些方面的映射关系,如结构上的、功能上的等。为了完整、准确地描述这种相似性,这里建立下列六种映射关系。

1. 系统内涵与任务空间的映射

系统的存在是客观的,然而"系统"这一概念更多地用作一种抽象的思维形式或手段,用来描述所研究的对象。所以,系统的内涵可以看作相对独立的研究对象或问题域,并主观地将该研究对象或问题域的研究范畴看成一种封闭式系统,称为任务空间。1995 年,美国国防部发布建模与仿真主计划(M&S master plan,MSMP),其主要内容之一就是将任务空间概念模型(conceptual models of the mission space,CMMS)作为作战仿真需求的一致和权威的表示规范。CMMS 为作战仿真与建模提供了统一的需求描述方法,它确定了现实世界中的过程、实体、环境因素以及特定使命、行动或任务之间关系和交互的描述方式和手段,已成为建模与仿真需求表示的统一起点和实际标准。任务空间(mission space)是指遵从共同的组织原则、目标或特性的一组任务。它由多个 EATI 组件(E: entity,A:action,T:task,I:interaction)组成,每个 EATI 组件能递归分解为多个 EATI 组件[6]。然而,对于这种划分方法,我们认为存在明显的缺陷。第一,在 CMMS 规范中,EATI 四元抽象方法用实体、行为、任务和交互来描述问题域, EATI 的四元抽象描述对问题域的定义和描述并不完整。因为用系统的思维看任何事物,均应从范畴、要素、结构、状态、运行和功能六个方面来观察和描述, CMMS 规范未对系统环境(environment)、状态(state)和结构(structure)给出清晰明确的描述;第二,在 CMMS 规范中,EATI 四元抽象方法对实体、行为、任务和交互四个要素的分化有不妥之处,如 CMMS 规范将任务(Task)定义为一组行为(action)。我们认为,任务需要分解为一组行为来完成,但任务本身在仿真模型中应作为一种信息交互(interaction)来描述。

为此,我们提出了六元抽象的思想,这是对 EATI 模型抽象方法的进一步完善。因此,任务空间可以看作其他五元以及环境的集合表达。这里采用 BNF 范式来表示任务空间。BNF 范式(backus-naur form,也称为巴克斯-诺尔范式)是一种用于表示上下文无关文法的语言,上下文无关文法描述了一类形式语言。它是科学哲学家库恩提出的科学前进的模式,大意是一起工作的科学家们大体有一个共同的守则和目标。

〈任务空间〉∷=〈系统名称〉〈系统目标〉{〈实体基本信息〉}〈系统分辨率〉〈环境〉

〈实体基本信息〉∷=〈实体名称〉〈实体数量〉[实体类型][实体分辨率]

〈环境〉∷=〈自然环境〉〈社会环境〉

〈自然环境〉∷=[地理][气象][水文]

〈地理〉∷=[土质][坡度][地物]
　　　　　{[独立地物]}{[道路]}{[变形地]}{[桥梁]}{[隧道]}

〈地物〉∷={[居民地]}{[水系]}{[植被]}{[高地]}{[通信线出口]}
　　　　{[堤坝水闸]}{[管线]}{[机场]}

〈气象〉∷=〈气候〉〈天气〉

〈气候〉∷=[热带雨林][热带草原]…

〈天气〉∷=[温度][湿度][风力][能见度]

〈社会环境〉∷=[敌情][我情]

〈敌情〉∷=[人文][政治][经济]

〈我情〉∷=[人文][政治][经济]

在以上描述中,<　>内包含的为必选项;[　]内包含的为可选项;{　}内包含的为可重复 0 至无数次的项;∷= 是"被定义为"的意思。

这里需要说明的是,任务空间中定义的环境是系统运行的一个外部环境。在进行实体描述时,可根据需要对某种影响其他实体运行的环境因素进行单独的提取,并抽象为一个实体。比如,在保障分队的保障行进路线中包括国道×××,该道路对于保障分队能否到达目的地具有重要的意义,因此,可以将该道路抽象为一个实体,并通过观察其状态的变化判断对保障分队行进的影响程度。

2. 系统要素与实体的映射

系统要素在仿真系统中表现为系统实体。对于系统 L 中要素集合可以表示

为各个实体 i 的集合,即 $E_L = \cup E_i$ 。其中,每个实体可以表示为

〈实体〉::=〈实体标识〉〈实体名称〉{〈实体属性〉}

〈实体属性〉::=〈属性标识〉〈属性名称〉〈属性类型〉[属性初始值]

〈属性类型〉::=〈简单类型〉|〈自定义类型〉

〈简单类型〉::= int | char | double | float | long | short | void

〈自定义类型〉::=" enum " <标识符>|" struct " <标识符>

〈标识符〉::=〈字母〉|〈字母数字串〉

在以上的描述中,|表示在其左右两边任选一项,相当于"或者"的意思;" "中的内容代表字符本身。

在装备保障仿真系统中,对保障系统所含的各类要素,如保障主体、保障客体、作战装备、保障装备等,统一地抽象为实体。在本书的后续部分将给出相应的示例。

3. 系统结构与实体关系的映射

系统结构可映射为实体关系的总和,系统结构可以表示为

〈系统结构〉::={〈实体关系〉}

实体关系可以定义为

〈实体关系〉::=〈泛化关系〉|〈组合关系〉|〈其他关系〉

〈泛化关系〉::=〈根实体〉{〈非根实体〉〈子实体〉}|〈根实体〉{〈子实体〉}

〈非根实体〉::={〈非根实体〉〈子实体〉}

装备保障系统的结构是指各类要素(部队、装备等装备保障实体)之间的相互关系,表明了装备保障系统各组成要素之间的静态特征。

4. 系统状态与实体状态的映射

系统状态应当是实体状态的总和,即系统 L 的状态 $S_L = s_{\alpha_1} \cdot s_{\alpha_2} \cdot \cdots \cdot s_{\alpha_n}$,其中系统 L 由 n 个实体构成, s_{α_i} 是第 i 个实体的状态全集。状态用于描述系统在某一特定时刻的静态特征。对任何系统的动态研究,都需要分析系统的状态转移过程。对于某一时刻的实体状态都可以表达为

$$S_{i+1} :: = \delta(S_i) \mid \delta(S_i, e)$$

式中　$\delta(S_i)$ ——在不受外部激励影响条件下,实体按照自身的行为改变的状态转移函数;

　　$\delta(S_i, e)$ ——在时间间隔 e 内受实体外部交互、内部行为影响而改变实体状态的状态转移函数。

从状态组成角度,有

〈实体状态〉::={〈实体状态分量〉}

〈实体状态分量〉::=〈实体状态分量属性〉〈实体状态分量值〉

〈实体状态分量值〉::="enum"〈标识符〉|〈简单类型〉

〈标识符〉::=〈字母〉|〈字母数字串〉

在装备保障仿真系统中,对装备保障系统状态的描述离散化为对其内部所含的各个要素(实体)状态的描述。

5. 系统运行与实体行为的映射

系统运行与实体行为是两个级别上的概念,系统运行也可以看作实体行为的总和。系统运行是指系统状态随着时间的推移而不断变化的过程,反映了系统的动态特征。在装备保障仿真系统中,由于系统状态用装备保障系统中的实体状态描述,因此装备保障系统的运行则用实体的状态变化过程,即实体行为来表示。装备保障仿真系统作为模拟实际装备保障系统动态演化的信息模型,必须详细、准确地描述任务空间中所有实体的各种行为特征和行为机制,其方法就是在特定的时间区间内离散地或连续地记录或表达所有装备保障实体的状态变化过程。

行为是系统要素的动态特征,它表现为系统要素随着时间的推移而产生的状态转移过程。要素行为将导致要素间的相互作用和相互影响,进而又导致新的行为,如此循环往复,这是系统不断演化的内在机制和根本动因。上述讨论实体状态时的 $\delta(S_i)$ 可以看作实体行为的数学表达函数。使用范式对行为组成进行描述:

〈实体行为〉::=〈行为标识〉〈行为名称〉{〈子行为〉}|〈行为标识〉〈行为名称〉〈行为主体〉〈行为逻辑表示〉

〈子行为〉::=〈行为标识〉〈行为名称〉〈行为主体〉〈行为逻辑表示〉

在装备保障系统仿真中,实体行为只表示实体状态的变化,不反映实体间的相互作用。为了逼真地模拟实体行为,根据行为粒度的大小,将实体行为分为两种:一种是具有明确作战意图的行为,称为作业,它通常与一条指挥命令相对应;另一种是不再细分的行为,称为动作;一项作业通常由一个或多个军事动作构成。

6. 系统功能与实体交互的映射

系统功能是指事物之间的相互作用和相互影响,表现为在特定的输入条件下,对外部的输出能力。系统的功能是实体交互的综合表现:〈系统功能〉::={〈实体交互〉},从数学的角度来讲,实体交互可以定义为 $\lambda: Q \rightarrow$ OUTPUTS,Q 表示一个状态和时间间隔的数据对 (S_i, e)。用范式对实体交互进行定义,即

〈实体交互〉::=〈交互标识〉〈交互名称〉〈交互发送实体〉{〈交互接收实体〉}

〈交互逻辑表示〉

在装备保障系统仿真中,将装备保障实体之间相互作用和相互影响的程度量化为包含若干参数的向量,称为交互,把交互发送给受影响的装备保障实体,进而通过计算来模拟装备保障实体间的相互作用。因此,交互描述了实体的输出,体现了实体的功能。

在装备保障系统仿真中,按照交互的性质,将装备保障实体之间的相互作用分为两种,即物理作用和信息作用。在物理作用中,实体之间有物质流和/或能量流的转移和交换,与此同时,还可能伴随着信息流的转移和交换,如炮击行为将导致物质和能量的转移和交换,弹药供应行为将导致物质和信息(供应清单)的转移和交换;而在信息作用中,实体之间只有信息流的转移和交换,因此是一种纯信息的作用,如下达装备保障命令、上报战况等。

下面根据上述的映射关系,对装备保障活动系统进行 PIM 六元分析,为后续进行形式化的 PIM 建模奠定基础。这也是 PIM 建模的第一步。

4.1.3　装备保障系统要素分析

装备保障活动的本质是:军队装备保障机构按照战争和军队建设的需要,依托一定的物质、信息等专业手段,有目的、有计划、有组织地对装备实施保障,保持和恢复装备的良好状态,使其齐全配套和技术状况良好,以保障军队各项任务顺利完成的军事活动。简要地说,装备保障活动的本质就是有目的地保持和恢复装备的良好状态,保障战争和军队建设需要的军事活动[7]。

这一表述反映了装备保障活动诸要素之间的内在联系。前面关于装备保障活动本质的表述中,"装备保障机构"是主体,属于人力要素;被服务的"装备"及其相关物质信息等"专业手段"是客体,属于物质要素;"按照战争和军队建设需要"是装备保障的使命任务,属于任务要素;而"有目的、有计划、有组织地对装备实施保障,完善并保持装备的良好状态,使其齐全配套和技术状况良好"等是装备保障的活动内容,有物质要素的成分,更多的是信息要素。这些要素表明,装备保障活动就是一个装备保障主体与装备保障客体,以装备保障活动内容为中介,以使命任务为约束,最终实现装备保障的使命的过程。通过明确装备保障活动的要素,可以使我们在装备保障活动中充分发挥各个要素的作用:装备保障使命任务的指向作用,装备保障机构的主导作用,装备保障手段的客观制约作用,装备保障信息的服务作用等,最终实现装备保障活动各个要素的整体优化,不断提高装备保障活动水平。

装备保障按照装备保障活动的范畴和具体条件,分为战略级装备保障、战役级装备保障和战术级装备保障。战术级装备保障是师(旅)以下部队从武器装备方面为保持和恢复部队作战能力而采取的技术和组织指挥措施。其主要任务是组织与实施装备补充、装备修理、器材和弹药供应及装备的使用、维护和技术管理;组织装备保障防卫,保障装备机关和分队安全。战术级装备保障按照军种又可分为陆军战术装备保障、海军战术装备保障、空军战术装备保障、火箭军战术装备保障。

下面对陆军战术级装备保障活动进行六元分析。

1. 装备保障系统任务空间分析

在装备保障系统仿真中,将装备保障系统内参与相互作用的所有要素,包括作战部队、保障部(分)队、保障装备和自然环境等,都属于问题域的任务空间,即只考虑系统内部要素的相互作用,而"不存在"或不考虑系统与系统环境的相互作用。装备保障域平台无关模型的研究范畴可用包含若干维变量(如装备保障的对象、方式、时间和地点等)的装备保障任务空间予以描述。这些变量反映了装备保障任务空间的本质特征,同时也限定了所研究对象系统的内涵。装备保障活动环境是指对装备保障系统有影响或相关的外部环境,包括自然环境如战场环境、天气状况等,以及社会环境如上级或同级司令部门、后勤部门、友邻装备部门、兵站、仓库等。对照映射表达方法,战术级装备保障活动可以表示为

〈系统名称〉∷=〈战术级装备保障活动系统〉

〈系统目标〉∷=〈描述战术级装备保障指挥及其保障活动〉

〈实体基本信息〉∷={〈作战部分队基本信息〉}|{〈保障部分队基本信息〉}|{〈装备基本信息〉}

〈作战部分队基本信息〉∷=〈炮兵营〉〈1〉[红方][区分到作战装备]

〈环境〉∷=〈自然环境〉〈社会环境〉

〈自然环境〉∷=[地理][气象][水文]

〈我情〉∷=[上级司令部门情况]{[友邻部分队情况]}{[友邻装备部门情况]}

2. 装备保障系统实体及实体关系分析

装备保障实体包括装备保障活动主体和装备保障活动客体。装备保障活动的主体是指装备机关及其保障部(分)队,这是装备保障活动的责任主体。装备保障主体是完成保障任务的执行者。装备保障活动客体主要指作战部队及其作战装备。

装备保障系统运行的基础是保障体制。装备保障体制可以分为平时体制和战时体制。不同的体制下装备保障系统内部实体的结构是不同的。平时体制注重的是训练和管理纵向的业务关系,战时体制注重的是保障、生存和与作战部队横向的协同关系。平时向战时体制的转换必须根据当时的战争形势和威胁性质,将保障力量适当编组,使之具备执行特定任务的能力。

这里以基本保障群的组合关系为例,描述范式表达,即

〈基本保障群〉∷=｛〈弹药供应队〉｝｜｛〈器材供应队〉｝｜｛〈抢救抢修队〉｝

〈弹药供应队〉∷=｛〈弹药供应组〉｝

〈器材供应队〉∷=｛〈器材供应组〉｝

〈抢救抢修队〉∷=｛〈抢救抢修组〉｝

〈弹药供应队 1〉∷=〈team1〉〈弹药供应队 1〉〈当前位置 x〉〈当前位置 y〉

其中,〈当前位置 x〉〈当前位置 y〉为实体弹药供应队的属性,这里只是举例说明,并未列出全部属性。

3. 装备保障系统实体状态分析

实体状态是对装备保障实体某一时刻的静态表示。主要描述了保障实体在系统运行中表现出来的特征参数。在仿真模型中,通过对实体的一组状态变量变化的描述来模拟实体的产生、变化和消亡过程。例如,一支作战小分队某时刻状态可以用其所含有人员、装备类型数量和质量、所处位置、运动特性等属性的瞬时值来描述其外部状态,也即

〈作战分队 1 状态〉∷=〈人员数量〉〈士气〉〈现有装备数量〉〈装备损坏情况〉〈部队运动状态〉

〈人员数量〉∷=〈人员数量〉〈50〉

〈士气〉∷=〈2〉,用枚举值表示士气状况,1:高涨;2:一般;3:低落。

4. 装备保障系统实体行为分析

装备保障实体行为是装备保障实体状态改变的真正动因和依据。装备保障活动实体行为,主要是指装备保障的保障手段。通用装备保障主要包括弹药供应、器材供应和装备维修。一般进行仿真时,主要模拟的是战时的装备保障活动。因此,这里主要分析战时装备保障。

通常,根据实体行为描述的粗细程度,战时装备保障行为可以划分为作业和动作。

一项作业定义为执行一个具体的作战命令的过程,是具有明确作战意图的军事行动,它由实体的一个或多个动作构成。战时装备保障活动系统中保障实体的主要作业任务包括:为保持和恢复装备良好技术性能而进行的维护;维修和管理的技术保障活动和为保障部队作战需要而组织与实施物资、武器、器材和弹药的补给与管理的供应保障活动。

动作:动作定义为作业实施过程中的步骤或工序,是最小的、不再细分的行为概念。对装备保障活动仿真系统的行为描述仅仅停留在作业的描述是不够的,必须对保障实体的行为进行粒度较细的描述。具体地说,主要包括以下八种动作,即部署、展开和收拢、装卸载、机动、修理、派出、隐蔽和疏散以及归建。

① 部署,包括完成在部署地域内具体选定仓库、修理机构工作位置,并进行

合理布局。

② 展开和收拢,是指用来实现维修保障群、队、组在接到展开或收拢指令后,获取展开参数,改变实体属性,处理展开或收拢过程中的其他事件消息,完成展开或收拢。

③ 装卸载,用来实现对保障队、组进行供应保障时装卸载过程的模拟。

④ 机动动作,用来实现保障群、队、组在接到指挥台的机动指令后,沿计划路线机动到机动目的地的动作的全过程。

⑤ 修理动作,用来实现维修保障群在接到指挥台的维修指令后,指挥下属保障队、保障群对战损装备进行状态修复的全过程。其中,修理业务模型用于计算修理分队实体完成修理任务的时间 T 及所需的资源。修理模型 λ 可以用下列函数表达,即

$$\lambda : S \rightarrow T$$

式中　S——一组条件和状态参数, $S = < e, t, \eta, \gamma, \beta, d, M, U, D, w_t, E >$;

　　　e——气候条件;

　　　t——受威胁程度;

　　　η ——修理分队人员技术水平;

　　　γ ——修理分队人员伤亡程度;

　　　β ——修理分队人员疲劳程度(连续工作时间相关);

　　　d——武器损坏性质;

　　　M——修理方式;

　　　U——使用工具器材;

　　　D——工具器材磨损受伤程度;

　　　w_t——零配件资源到达时间;

　　　E——要求达到的修理质量。

⑥ 派出:保障群在接到指挥台的派出指令后,何时派出,派出哪些保障力量,派多少保障力量。

⑦ 隐蔽和疏散:用来实现保障实体在接到指挥台(或装备保障群)的隐蔽指令后,寻找隐蔽地点实施隐蔽的过程;无法找到合适的隐蔽地点,执行疏散动作。根据保障组(通用意义的保障组,可能由多个保障小组组成,单个保障组可能由多台车组成)的规模,增加间隔距离实行适当的人车分离,并且在计算损伤时作为计算损伤程度的依据。

⑧ 归建:用来实现维修保障群在接到指挥所的归建指令后,指挥下属保障队、保障群对装备保障力量沿预定路线到达归建地点。

此外,在装备保障仿真过程中,还应包括作战部分队的毁伤模型。毁伤模型

根据敌打击强度和实体防护能力,计算人员与装备损伤情况,确定保障能力、机动能力等。

5. 装备保障系统实体交互分析

装备保障活动实体交互包括信息流和物质流的交互。保障信息是指反映在装备保障活动过程中的各种情报、资料、指示、命令、汇报、请示等的总称。它是装备保障预测的依据、决策的基础、协调的纽带、控制的手段。物质流交互是指装备保障活动过程中的物质交换,如保障部(分)队对作战部(分)队的弹药、器材供应以及作战部队之间的战斗交互等。

4.2　仿真应用域的 PIM 表达语言

4.2.1　xUML 语言的优势

进行 MDA 应用的最主要目的就是提高系统的重用性,因此选择标准的建模语言是实现 MDA 的重要基础。UML 是目前较通用的建模语言之一,它比 XML 的应用范围更为广泛,与各种编程语言的转换工具也较多。但是普通 UML 语义的不完整性和二义性使得 UML 模型不能运行。而在业务领域——作战仿真系统,特别是装备保障仿真系统中,系统的一个重要特征就是仿真实体的状态变化繁多、行为复杂。进行这类仿真的主要仿真对象就是它的行为过程。因此,在建模语言的选择上,应当注重对模型动作语义的描述。

为了解决这个问题,需要对 UML 进行扩展,产生一个可以建立可执行模型的可执行的 UML。OMG 决定采用精确的动作语义来扩展 UML,并采用对象约束语言(OCL)作为 UML 的组成部分,对模型进行严格的约束,为建模者提供一套完整的、与软件无关的动作规范,建立一个可执行的 UML 模型。可执行 UML (eXecute UML,xUML)是 UML 的一个配置文件(所谓配置文件是通过提供针对特定领域、平台、方法的构建来适应现存的元模型,给特定的元模型赋予特定的定义,可以采用特定的语言约束或者构造型标记值等实现 UML 模型元素的变化[8]),它采用行为描述语言(specification and description language,SDL)、基于 Shlaer-Mellor OOA 方法学基础上的动作规约语言(action specification language, ASL)等语言精确定义了一个最新的 UML 子集的执行语义,这个子集完全是可计算的,任意的模型都能被编译和运行。与 UML 相比,xUML 具有精确定义的语义、专门的动作规约语言和与 MDA 的紧密配套性,这些优势使得 xUML 更适应于 MDA 中 PIM 的建模表达。

图 4-3 中显示了 xUML 的非正式结构。从图中可以看出,xUML 通过结合 UML 中语义完善的部分和新加入的动作语义形成了一套更高层次上的建模语

言,以进一步保证建模的正确一致性。

图 4-3　xUML 的结构

运用 xUML 对一个系统进行建模和运用 UML 建模一样,也是由一组模型图来组成的,这些模型图描述了系统的概念和行为。通过对系统建立正确一致的可执行的模型图,就可以运用这些可执行的模型对系统的需求进行验证。具体而言,运用 xUML 建立系统 PIM 时,主要包括三类模型,即概念类模型、对象生命周期模型和行为操作模型。

概念类模型主要用来抽象、识别出系统中的各种事物概念,并用一种形式化结构来表现这些识别出的信息。系统中的各种事物对象被抽象为类;这些对象的属性被抽象为类的属性;各个事物对象之间的联系被抽象为类之间的关联。这种概念模型的形式化结构通过 UML 中的类图(class diagram)来表达。在 UML 的类图具有对对象方法的描述,而在 xUML 中是通过状态机模型来表述的。

系统中各个对象可能存在自己的生命周期——行为状态,彼此的状态相互独立。对象的生命周期是通过运用对象状态机来抽象描述的。在 xUML 模型中运用状态图对对象的状态进行形式化的抽象。系统的行为是由各个系统对象通过对各个事件、消息的执行,在各自生命周期中的各个状态之间转移的过程。对象的每个状态都具有一个执行过程,当一个对象的状态由于外部条件发生转移时,相应的执行过程被执行,就建立了新的状态。

对象状态的执行过程是由一组行为操作组成的。这些行为操作执行系统的基本逻辑运算,每个行为都是基本的单元计算,如数据读取、选择或循环等。目前,在 xUML 中仅仅定义了系统各种行为语义的标准,还没有一个统一的标准语法和注释符号来对行为语义进行描述。目前,已有几个公司提出了几种基本统一化的行为描述语言,通过这些行为语言就可以精确地描述对象的行为和对象之间的交互。本书中就使用了动作规约语言 ASL 对对象行为和交互进行表达。

系统类模型、类的状态机模型和行为操作模型就组成了对一个系统 PIM 的完整的可执行模型的定义描述。下面将结合六元抽象方法,以战术级装备保障活动为应用背景,研究基于六元抽象的 xUML 模型表达方法,进行 PIM 建模描述。

4.2.2　战术级装备保障仿真系统的 PIM 建模分析

六元抽象方法只有与适当的表达语言相结合才能真正充分地进行建模描

述,并实现模型的重用。本节将详细分析六元抽象同 xUML 具体技术的结合使用,形成基于六元抽象的 xUML 的模型表达方法,进而通过建立战术级装备保障仿真系统平台无关模型实例,描述战术级装备保障仿真系统 PIM 建模的全过程。

1. 仿真系统平台无关模型任务空间的描述方法——包图

在基于 MDA 的应用开发中,域是模型复用的最大单元,是对系统主题结构的最高层次的划分,各个域之间的耦合是松散的。从域的内部看,由于域中模型实体个数的不同,域内部的高内聚程度也有所不同。因此,在域的内部又可以作进一步的分解细化。域及细化后的子域都可以用 xUML 的包图进行描述。通过对包图的划分和概括,可以形成对仿真系统任务空间的整体印象,这就是 xUML 中描述系统任务空间的方法。

包是用于把元素组织成组的通用机制[9]。图 4-4 显示了包图的表示方法(本书使用 iUMLite 开发软件进行 xUML 图的绘制)。每个包通过 PackageName 来表示包名,以便与其他包相区别。

图 4-4　包图的表示

在大多数情况下,使用包来组合基本种类相同的元素。在进行类的组合时,应遵循以下原则。

① 分析特定体系结构视图中的建模元素,找出由在概念和语义上相互接近的元素所定义的组块。

② 把每个这种组块分为一个包。

③ 对每个包,区别其中元素的访问级别。

依据组合原则,图 4-5 显示了战术级装备保障仿真系统开发时,对业务相关实体作进一步分解的示例。图中,将仿真系统业务相关实体进一步划分为作战部分队、保障群队组、指挥机构和装备保障外部环境四个包,包内的元素访问级别依据仿真需求可进行不同限定。在以后的开发中,其他系统就可以在包的层次上复用模型实体。

2. 仿真系统与系统操作人员交互的描述方法——用例图

明确系统边界,确定系统功能是进行系统开发的首要任务,也是关键步骤之一。系统用例图是从系统外部的视角来描述系统应用过程的,它是系统与外部

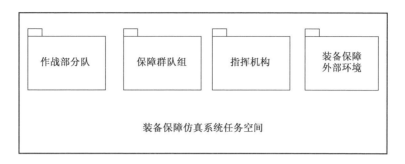

图 4-5　装备保障仿真系统开发业务相关包图描述

进行交互所执行的动作序列的集合。使用用例可以有效推断系统对外部请求或激励应做出何种响应,它是连接非形式化、非结构化的需求世界和用 xUML 建立的形式化模型的桥梁。

　　完整的用例描述以及与它们相关的场景,可以完整地刻画系统所需的功能性行为,使得系统的任务空间得到全面描述。图 4-6 显示了用例图的表示方法,一个完整的用例图包括用例(use case)和参与者(actor)。

图 4-6　用例图示例

　　系统用例的层次可以划分为"Sky Level""Kite Level""Sea Level"和"Mud-level"。"Sky Level"描述系统的概要目标,通过使用这个层次上的用例图可以从总体上对系统需求有全面的认识。"Kite Level"是对概要目标的进一步细化,是用例模型最重要的层次,是进行仿真系统进一步开发的重要依据。"Mud-level"是对系统各个子目标的详细描述,过于注重细节,一般不予使用。"Sea Level"用例是用于描述单个参与者与系统发生的交互,这种用例是开发系统测试用例的最好依据。

　　在进行用例开发时,应注意遵循以下规则。

　　① 充分识别参与者。

　　② 通过识别一般或特殊的角色来组织参与者。

　　③ 对于每个参与者考虑它与用例进行交互的主要方式。

　　根据以上规则,在战术级装备保障仿真系统开发中,一般包括两类参与者,即总控成员、导演成员。图 4-7、图 4-8 分别显示了这种情况下的总控成员和导演成员参与的用例图。根据仿真系统作用的不同,导演成员可根据需要扩展。比如,对于仿真训练系统,其目的在于训练保障指挥员,就可将导演成员的功能细化,分为不同的指挥席位;而对用于保障评估的仿真系统,则可以将导演成员取消,完全采用人不在环的方式,根据军事规则进行仿真推演。

在仿真过程中,从一个子域内看其他子域也是该子域的外部对象,同样可以使用用例图表示。对于这样的用例,本书将在后续部分使用顺序图进行描述表达。

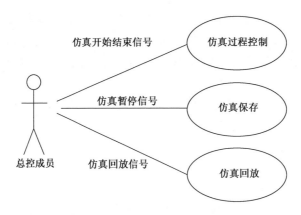

图 4-7 总控成员参与的用例图

图 4-8 导演成员参与的用例图

3. 仿真实体及实体关系的描述方法——类图

在仿真系统中,仿真实体模型是系统最重要的组成部分之一。系统中总是包含着各式各样的事物,这些事物在 xUML 中用类来表示。类和包之间有一个重要的区别:类是从问题或解中所发现的事物的抽象,包是用于组织模型中事物的机制。包没有本体,即实例,而类有实例。类是对被研究的域的一个事物的集合的抽象,是对一组具有相同属性、操作、关系和语义的对象的描述。在图形上用一个矩形表示,如图 4-9 表示。图中对类名和属性都有详细示例,而操作部分未详细列出,这部分将在对实体状态更新的描述中详细分析,这也是使用

xUML 进行装备保障仿真模型描述的一个重要优势。

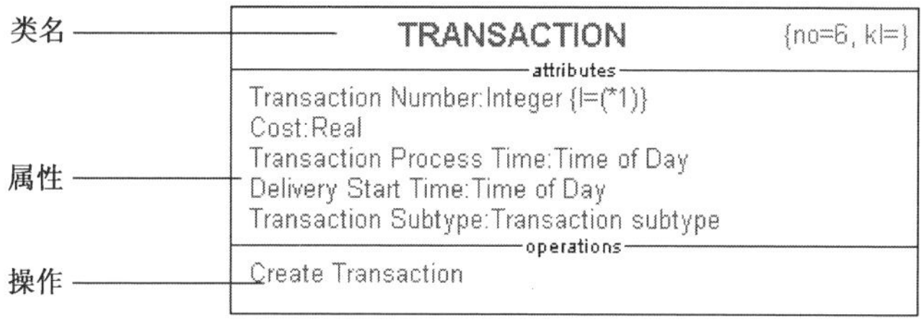

图 4-9　类图示例

　　进行战术级装备保障仿真系统开发时,按照前文中对仿真实体的分析,在仿真平台无关模型库中的实体模型主要应包括三大类,即装备保障指挥机关和保障部分队、作战部队和作战装备,因此,应建立四个基本类,即指挥实体类 CommodEntity、保障实体类 SupportEntity、作战实体类 WarEntity 和装备实体类 EquipmentEntity,如图 4-10 所示。各个类名称均用英文定义,以便在进行 PIM 到 PSM 转换时与相应的语言匹配方便,对于各个类的中文含义在对类定义的说明中予以标注,如图 4-11 所示。

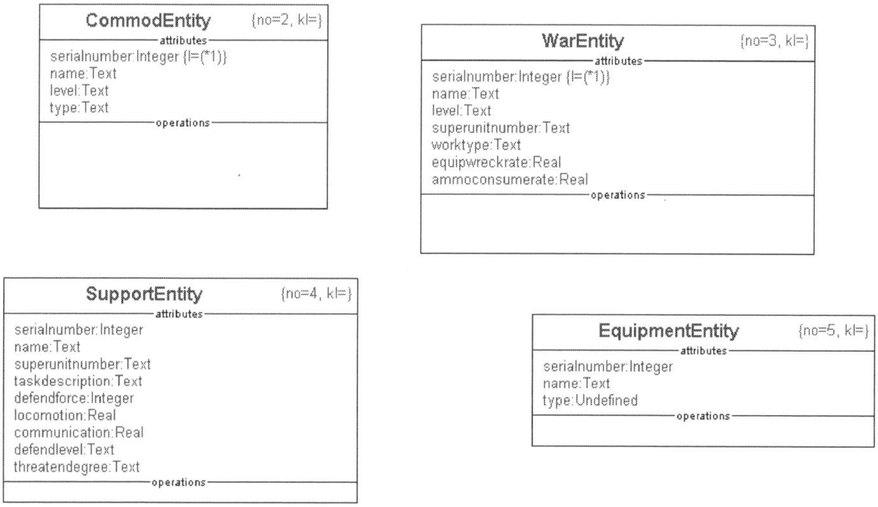

图 4-10　战术级装备保障仿真系统中实体类及属性描述

　　系统不是由单个的实体分散组合而成的,而是系统中各个实体之间相互关联、相互作用而成的。实体之间各式各样的关联表现了系统纷繁复杂的关系。

　　从实体的组成来看,实体之间的关系可分为泛化关系和组合关系。泛化关

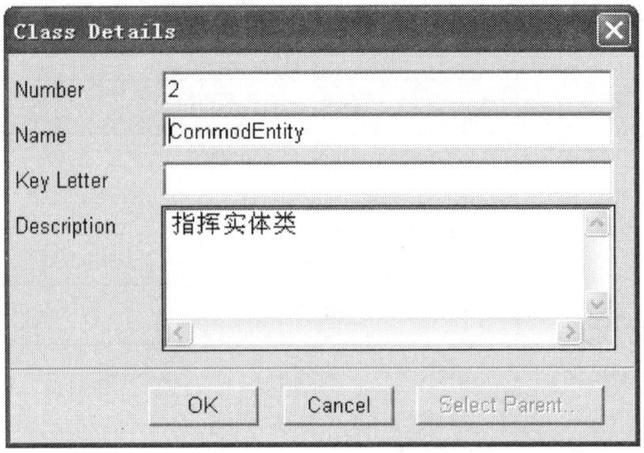

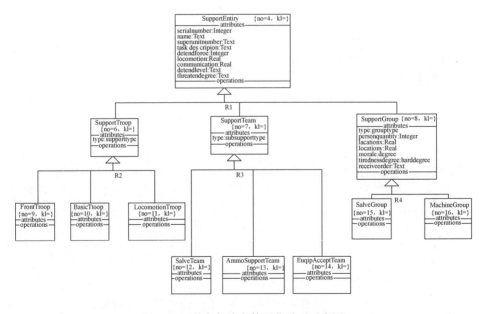

图 4-11　xUML 中定义类时的说明

系是指一般事物(即父类)和该事物的较为特殊的种类(子类)之间的关系。保障实体类按照建制的大小不同,可分为保障群、保障队和保障组。这三种保障机构都具有保障实体类所描述的基本属性。此外,它们还具备各自的特殊属性。同样地,这三种机构又各自具备不同的子类,用于表示不同的保障类别。图 4-12显示了保障实体类及其子类的泛化关系。

图 4-12　装备保障实体泛化关系示意图

其中,保障群、保障队和保障组的分类通过属性类型来区分。在 xUML 中可以定义枚举类型描述不同的类型,比如保障群的类型用自定义类型 supporttype表示。图 4-13 显示了对该类型的定义情况。

名称

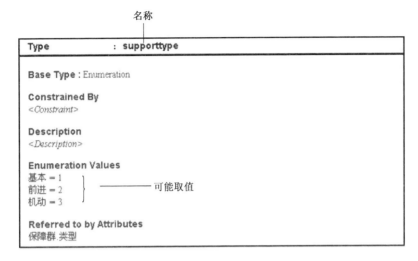

图 4-13　自定义类型定义情况

　　在装备保障部(分)队的编制编程中,保障群队组又表现出了组合关系,即保障群由一定数量的保障队、保障队由一定数量的保障组组成,图 4-14 表示了这种关系。

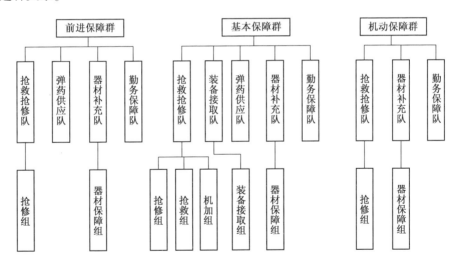

图 4-14　保障群、队、组的组合关系框图

　　同样地,在战术级装备保障仿真系统中,指挥实体类可划分为基本指挥所和前进指挥所,对于基本指挥所又可以进一步划分为战技指挥实体、弹药供应保障实体、装备调配保障实体、装备技术保障实体和器材供应保障实体,而前进指挥所可进一步划分为战技指挥实体和军械维修指挥实体。装备实体类还可以进一

步划分为作战装备、维修保障装备,对于作战装备可划分为火炮、枪械等,维修保障装备可划分为工程车辆、维修车辆和大型修理设备等。

在实体的关系中,除了泛化关系外,其他一般的关系称为关联。在装备保障仿真系统中,各种实体表现出了千丝万缕的关系,主要包括指挥命令、指导、协同、保障等关系。在战术级装备保障仿真系统中,四个主要的实体类之间关系如图 4-15 所示。指挥实体与保障实体之间表现为指挥与被指挥关系,保障实体与作战实体之间表现为保障与被保障关系,保障实体与装备实体之间表现为使用与被使用关系。从图中可以看出,由于保障实体的类型不同,保障实体与作战实体之间的对应关系也略显不同。即一个保障组在同一时刻只能保障 0 或 1 个作战单位,并且该作战实体可以由多个保障组同时保障;而对于保障群和保障队则不同,一般来讲在想定形成时已经确定了各自的保障关系,一个保障群可以保障 0 或多个作战单位。

4. 实体状态与实体行为的描述方法——ASL 及状态图

装备保障系统的一个重要特点就是系统中的各实体状态变化繁多、动作行为复杂。这就使得使用一般的 UML 语言对于精确描述对象行为和操作的语义显得力不从心,xUML 对行为语义的表达进行了增强。通过采用行为语言,对抽象描述动作语义有了明确的定义。目前,对于动作语言的描述语言还不统一,本书采用的是 iUMLite 软件的 ASL 语言。

关于行为语义对象管理组织给出了具体的要求。行为语言作为符合行为语义的规范要求的语言,应满足以下几个方面才能符合对象管理组织提出的建立 PIM 的要求和实现模块的可执行、可验证方面的要求。

行为语言应该是一个能够精确、充分、无二义性地描述各种规则(如对象之间的关联、属性等)和高度抽象的算法。只有行为语言达到这个要求,利用行为语言简练的系统模型才能够精确地描述系统的动态行为和静态结构,从而达到建立的模型是可执行的和可验证的。

行为语言应该是一个完全与特定软件架构无关(软件平台独立)的行为语义。此外,理论上运用行为语言描述的模型应该能通过运用不同的结构配置实现从模型到具体实施平台系统的转化。在这种模型中,数据和过程的组织可能和实现中模型的数据和过程的组织完全不同。例如,在这种模型中的对象之间的关联,在实现模型中则可能运用对象的参照属性来进行表达。所以,行为语言语义应该表达的是一个高层的抽象语义。另外,行为语言语义应该做到与特定的编程语言的无关性,这样才有利于模型与特定软件架构的无关性。行为语言语义应该不要求用户运用特定的数据读取和组织方法来描述特定的算法实现。

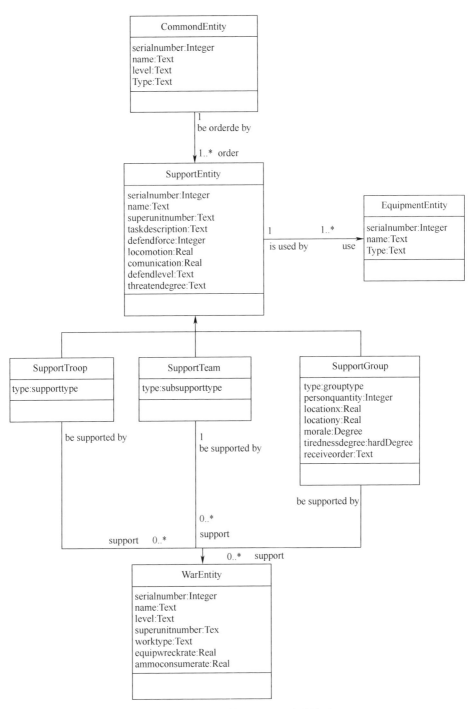

图 4-15　各个实体类之间的关联关系

行为语言应该易于嵌入可执行的代码,以至于开发工具易于把对象的行为和操作映射成有效的代码。这样有利于模型的可执行性和系统代码的自动生成。

ASL 是状态无关的语言,用来在 xUML 模型的上下文中详细处理行为。该语言的目的就是为将要被系统执行的处理行为提供无歧义的、精确的且易读的定义。UML 并没有定义动作语言,只是在 UML 标准中加入了动作语义。ASL 符合 UML 的动作语义。具体地说,ASL 能够定义以下几项。

① 类操作和对象操作——对应于状态无关的行为。

② 状态动作——对应于状态相关行为,这是本书在这一部分研究的重点。

③ 域操作——对应于域提供的服务。

④ 初始化片段——定义所有初始化对象。

⑤ 测试例程——提供在仿真环境中用来激励模型的驱动程序,这就为基于 MDA 的应用系统模型 VV&A 提供了应有的技术支持,保证模型在 PIM 阶段就能够通过执行来验证。

ASL 书写操作主要包括五类,即实例句柄、对象和类操作、关联操作,调用操作和发送信号:

(1) 实例句柄——通过使用实例句柄来完成对某个类的某一对象的引用。

当执行一个状态动作或执行一个对象操作时,一般总是在一个已知对象的上下文中进行。对于一个状态动作而言,该对象是接收到信号的对象;对于对象操作而言,该对象是发出操作调用的对象。对于这样的实例句柄,ASL 提供"this"作为特殊的实例句柄。

单个实例句柄,用句柄名称表示;实例句柄的集合用{句柄名称}表示,如:

```
{salvegroups} = find SupportGroup where type = 1
```

这条语句描述的是在保障组实体类中使用 find 查询类型为 1 的保障组,即查出并获得所有抢修组的实例句柄。使用 find-only 就是在某个类中查询满足条件的唯一实例句柄。

(2) 对象和类操作。

同样地,可以使用 ASL 进行对象的创建和销毁、属性的读写等。比如:

```
newSupportTroop = create SupportTroop with type = 3 \
              & troopnumber = 0013
```

其中,create 和 with 是关键字,\表示该语句在下一行继续,& 表示"与"。在创建对象时不必将所有的属性都予以赋值,但标识该对象的属性必须赋值,也可以在定义某属性时将其设定为对象标识,这样通过使用 create unique 就可以由系统直接为对象标识属性赋予一个唯一的值。表示创建一个编号为 0013 的机动保障群。

ASL 可以读取属性值,如:

```
thetroopnumber = newSupportTroop. Troopnumber;
```

或进行写操作:

```
newSupportTroop. Troopnumber = updatetroopnumber;
```

当不再需要一个对象时,可以通过引用它的实例句柄来删除这个对象,如:

```
delete newSupportTroop;
```

或删除对象集合:

```
delete {salvegroups};
```

(3) 关联操作。

ASL 最强大的特点就是关联操作的能力。关联将对象连接起来。ASL 通过 link 操作创建一个关联实例,如 link class A R1 classB;通过->符号漫游一个关联;最后通过 unlink 操作删除关联实例,在删除对象前,一定要先删除与它有关的关联。应当注意的是,在使用 ASL 时,应尽量多使用关联操作取代 find 操作,以降低系统资源损耗。

(4) 调用操作。

类的操作体本身就是由 ASL 定义的。同样地,也可以使用 ASL 对操作进行调用。调用的形式依赖于操作的类型。

(5) 发送信号。

操作调用提供的是一个同步的消息发送方式。而发送信号则提供了一种异步的形式。信号的语义表明了信号发送没有返回值,因此不可能有返回参数。同时,信号总是传递给特殊对象的。比如:

```
generate C1:ammoEexhausted() to theCommondEntity
```

其中,generate 是用来表明信号发送的关键字;C 是类的主键编码;1 是在 CommondEntity 类中的信号编号;ammoEexhausted 是信号名;如果有参数,( ) 中放置和信号一起传递的参数;to 是关键字,指示信号将要发送给的对象;theCommondEntity 是实例句柄,指向信号将要发送到的对象。这条语句表示了将弹药供应不足的信号发送给指挥实体。

ASL 引入的最大作用就是描述实体对象的动作语义,然而仅有 ASL 语言并不能全面地看待一个对象的行为过程。描述一个实体行为的全过程通常使用状态机表示。ASL 的执行与一般语言不同,它不具有主程序,是通过状态机之间的交互来执行模型的。

在描述状态机之前,先来明确 xUML 中的几个概念。

① 状态:表示类服从一组规则、策略、规章或物理规律的情形。

② 信号:表示导致状态转移的事件。

③ 转换:用于说明一个在给定状态的对象在接收到一个特定信号时将会进入的状态。

④ 入口动作:指的是对象在进入给定状态的时刻所发生的处理序列。

⑤ 状态机:指的是一个对象的整个生命周期。

一般地,状态机可以通过状态图和状态转换表来表示。本书使用状态图来进行表示。状态图是一个类的状态机的图形表示。一个状态图展示了相应类的状态和转换。每个状态都有且只有一个相关联的动作,该动作在对象进入这个状态时执行。每个转换上都附有一个信号,该信号导致了该转换的发生。

每个类最多有一个状态机,这个状态机描述了类的每个对象的行为。状态建模过程从识别代表常规行为的状态开始,这样做有助于确保模型能够表现出期望的系统行为。

一旦分析者认为已经获取和表达了所有常规的,或者说是基本的行为,就可以再加入代表非正常行为的状态。在建立状态图时,应当注意“较小的”模型将导致系统的不安全。因此,在选择状态时应尽量全面,防止过度精简状态。

在装备保障仿真系统中,保障组作为最小的仿真实体单元具有最高的状态变化特征,主要经历未赋予任务的空闲状态、派出后前往保障单位的机动状态、在保障实体所在地工作的执行任务状态、完成任务状态、前往下一保障单位保障的机动状态以及归建过程中的机动状态。这里将派出后前往保障单位的机动状态、前往下一保障单位保障的机动状态和归建过程中的机动状态划分为三种状态而不仅仅使用一种机动状态表示有两个目的:一是有利于状态图的描绘,使得建模人员更加清晰地表述保障组的状态变化过程;二是在不同的机动阶段,保障组获得的命令信号不同,比如前往下一保障单位,机动命令信号为 moveTo(x2,y2),而归建的信号可能为 moveBack( )。保障组完成任务状态用于进行小组的休整、计算人员损伤、保障装备损坏情况等。图 4-16 显示的是抢修组的状态图,其中进入每个状态后执行的动作均使用 ASL 语言进行表达。从图中还可以看出,状态的每次改变都必须发出或收到相应的信号(signal)。当一个类使用信号形式提供某种服务,即它通过接收该信号达到某种状态。使用该服务时须满足以下条件。

① 信号的发送是异步的,即发送者发送信号后立即继续处理它自己的事情,既不受对这个信号做出反应的时间的影响,也不受相应的处理过程的影响。比如在图 4-16 中,moveTo(x1,x2)信号就是由指挥机构发出的,发出该信号后,指挥机构仍然继续进行其他工作,而不受到该信号的影响。

② 输入参数可以与信号一起发送。

③ 不允许有输出参数,因为对于异步交互而言,输出参数没有意义。

④ 信号发送导致的行为依赖于接收信号的对象的状态。

⑤ 信号总是发送给一个特定的对象。

一般而言,信号依赖于对象的状态,在仿真过程中,存在不依赖于状态的行为。这种行为称为操作,这将在下一部分进行描述。

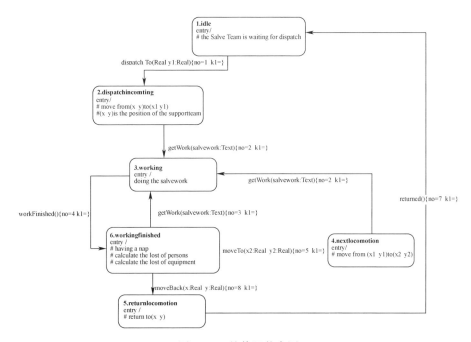

图 4-16　抢修组状态图

5. 实体交互的描述方法——顺序图、协作图

在装备保障仿真系统中,实体交互主要表现为信息的传递,其中信息主要包括命令、报告、通报、请求、请示等。同时,对于作战实体而言,受到战斗攻击的攻击效果,也能够用带有参数的交互表示。交互表现了实体与实体之间的联系,可以通过两种方法表示,即同步操作和异步信号。前面对信号进行了描述,下面对操作进行说明。

一般情况下,在需要执行的处理过程与特定对象的状态无关,需要执行的处理过程不影响特定对象的状态,需要执行的处理过程是多个状态动作所共有的,并且处理过程必须在动作结束之前结束,以及有必要调用一个或多个其他域提供的服务时使用操作。与信号的使用相同,当一个类以操作的形式提供服务时,应当满足以下几点。

（1）对操作的调用是同步的,即调用者必须等待操作结束后才可以继续执行。

（2）可以传送输入参数给操作。

（3）操作可以返回输出参数,并且在 xUML 中允许多个输出参数。

（4）执行结果导致的行为不受操作所执行对象的状态影响。

（5）操作通常在类的某个实例对象上执行,称为对象操作。

（6）操作也可以在类的所有对象组成的整体上执行,称为类操作。

（7）操作可以定义域级别执行,称为域操作。

类的状态无关行为被定义为它所提供的操作的集合。每一操作的执行细节都可以使用 ASL 语言进行描述。

对于一个对象与其他对象之间的交互,无论是同步操作还是异步信号,xUML 提供了顺序图和协作图来进行描述。顺序图和协作图都显示了交互关系,但各自侧重于不同的方面。

交互图(interaction diagram)显示一个交互,由一组对象和它们之间的关系构成,其中包括在对象间传递的消息。顺序图(sequence diagram)是强调消息的时间顺序的交互图。在图形上,顺序图是一张表,其中显示的对象沿 X 轴排列,而消息则沿 Y 轴按时间顺序排列。

图 4-17 显示了战术级装备保障仿真过程中,进行保障的顺序过程。

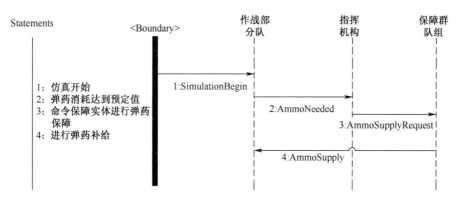

图 4-17　保障过程顺序图

协作图(collaboration diagram)是强调发送和接收消息的对象之间的结构组织的交互图。协作图忽略了时间顺序,而是把重点放在交互的模式和合作的紧密程度上。一般地,在域内表达单一用例的单一场景时,使用顺序图来表示对象间的交互。表达类之间的交互模式时,使用类协作图,以防止造成信息冗余。本书主要使用了类协作图进行对象交互的表达。图 4-18 显示了抢修组进行装备抢修的类协作情况(一次保障过程)。

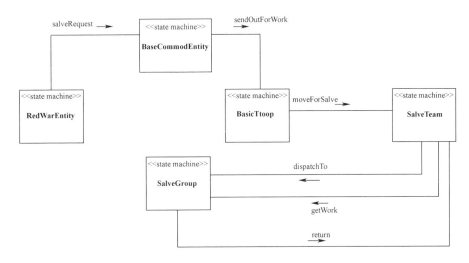

图 4-18　抢修组进行装备抢修的类协作图

4.3　联邦成员子域类结构设计及模型表达

4.3.1　平台无关模型的抽象层次问题

在 MDA 中,平台无关的概念至关重要,是 MDA 过程能否顺利进行的首要条件。一般地,平台无关和平台相关的确定是在系统目标平台基本功能设定后才确定的[10]。这就导致由于与其他目标平台的关联关系不同而出现不同抽象层次的平台无关模型。换句话说,在研究平台无关模型时,尽管总是努力使得 PIM 与中间件平台的所有类都无关(在进行系统概念模型设计时,这是可能实现的)。然而,当系统结构建立时,一些平台的特性就加入其中,使得平台无关模型分为不同层次。

因此,在基于 MDA 的联邦式装备保障建模仿真系统仿真模型域划分中,仿真应用域 PIM 的建立还包括联邦成员子域模型的建立,这个域是为 HLA 仿真服务而特别设定的,与 RTI 服务域相关。联邦成员子域主要包括一个类模型,其中包括对联邦管理基本信息、联邦成员的时间控制、时间受限等特性进行设置。在仿真系统开发中,每个联邦成员都是由一个联邦成员子域类模型和一个或几个应用域业务类模型集成而成的。

4.3.2　联邦成员子域的设计

联邦成员子域模型类的设计不同于其他类的设计,它是与服务域关联的一

129

个类结构,其属性具有一定的稳定性。因此,为了便于向 PSM 的模型转换,本书对 xUML 进行扩展,引入 UML 中构造型和标识值的概念,对该类进行描述。

1. UML 的构造型和标记值

构造型和标记值是 UML 提供的用以增加新的构造块、创建新的特性以及详述新的语义的扩展机制。

构造型(stereotype)是对 UML 词汇的扩展,允许创建与已有的构造块相似而针对特定问题的新种类的构造块。在图形上,把构造块表示成用书名号括起来的名称,并把它放在其他的元素名之上。作为一种选择,可以用一种与构造型相联系的新图标表示被构造型化的元素。构造型与泛化关系中的父类不一样。确切地说,可以把构造型看作元类型,因为每个构造型会创建一个相当于 UML 元模型中新类的等价物。

标记值(tagged value)是对 UML 元素特性的扩展,允许在元素的规格说明中创建新的信息。在图形上,把标记值表示成用花括号括起来的字符串,并把它放在其他的元素名称之下。这个串包括一个名称、一个分隔符(=)和一个值。可以为已存在的 UML 元素定义标记,也可以定义应用到各构造型的标记,使每个拥有构造型的事物都有标记值。标记值与类的属性不同,确切地说,可以把标记值看作元数据,这是因为它的值应用到元素本身,而不是它的实例。如果一个标记的含义是明确的,就可以指定标记的值。

在使用构造型和标记值建模是应当注意以下几点。

要确认用基本的 UML 已无法表达所要建立的事物模型。如果是常见的建模问题,可能已存在某些标准的构造型,可以满足需要。

如果确信没有其他的方法能表达这些语义,标识与要建模的事物最相像的 UML 中的基本事物,如类、接口、构件等,并为该事物定义一个新的构造型。

通过对构造型定义一组标记值,详述正被构造型化的基本元素本身以外的一般特性和语义。

可以为构造型建立新图标,以便对构造型有清晰的指示。但为了建模的通用性,本书中不对新的构造型建立图标。

2. Federate 类建立

通过对构造型、标记值特性的分析,本书选择使用构造型建立 Federate 类。这样选择的另一原因是使用构造型建立 Federate 类,便于对 Federate 类进行平台相关模型的转换。

Federate 类主要用于:为联邦式仿真过程中的某个联邦成员提供唯一的句柄;建立联邦成员时为联邦管理和时间管理服务提供所需的联邦成员信息。首先,构建构造型<<FederateClass>>对应于 UML 中的类 Class,表示建立一个用于标识联邦成员信息的类;其次,选择标记值类型和取值。在 Federate 类中设置标记值名称为 TimeManagement,取值为 TimeRegulating、TimeConstrained、TimeBoth 和 TimeBothNot。该标记值用于表示联邦成员的时间管理策略,取值分别表示时间控制类型、时间受限类型、既时间控制又时间受限类型和既不时间控制又不时间受限类型,如表 4-1 中标记值 TimeManagement 的取值及含义所列。

表 4-1　标记值 TimeManagement 的取值及含义

标记值	取值	所属构造型	含义
TimeManagement	TimeRegulating	<<FederateClass>>	时间控制类型
TimeManagement	TimeConstrained	<<FederateClass>>	时间受限类型
TimeManagement	TimeBoth	<<FederateClass>>	既时间控制又时间受限类型
TimeManagement	TimeBothNot	<<FederateClass>>	既不时间控制又不时间受限类型

对于构造型<<FederateClass>>建立的类,其中还需包括两个重要的属性,即指定进行联邦运行的联邦执行名称 federationName 和联邦执行初始化文件 FED 文件名称 FEDName,FEDName 标明了文档的全路径名称。Federate 类结构如图 4-19所示。

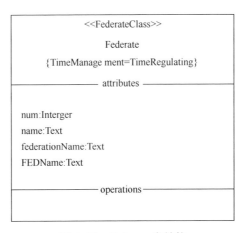

图 4-19　Federate 类结构

第 5 章　主题域模型的转换过程及方法

在 MDA 软件开发过程中,大量的工作任务发生在定义模型转换上,这通常需要特殊的业务知识和实现技术。有必要研究基于 MDA 的联邦式装备保障仿真模型转换规则,用以指导仿真过程的顺利进行。同时,由于 PSM 到代码的转换的基本思想与 PIM 到 PSM 转换的大体相同,并且目前已有一些成熟的软件可以直接用于进行代码转换。

5.1　主题域模型转换过程

5.1.1　模型转换的定义

模型转换就是以一个或多个的源模型作为输入,产生一个或多个的目标模型作为输出的过程。整个转换过程将依循一系列的转换规则作为自动过程执行。这种描述是通用的,独立于任何实际的待转换的模型。Michael Wahler 从两个观点较为全面地阐述了模型转换的定义。

从函数的观点看,一个转换就是一个函数,它可以将一组模型从一个或者更多的领域映射到相同或者不同领域中的另一组模型。从操作的观点看,一个转换是一个可停机算法,它将结构或者语义的变化应用到一个或者一组模型。

MDA 过程的模型转换一般包括五类,具体如下。

(1) PIM 到 PIM 的转换。这种变换主要用于平台无关模型内部的精炼与抽象,使得模型在整个开发生命周期中得到改进、过滤或者特殊化,不需要任何与平台相关的信息,如分析模型到设计模型的转换。PIM 到 PIM 的转换通常与模型的细化有关,它作用于系统的需求与分析。

(2) PIM 到 PSM 的转换。当已经充分细化的 PIM 需要映射到具体的运行基础结构上时,使用这种转换。从 PIM 到 PSM 的转换是基于特定平台特性的,进行该转换时通常需要附加许多平台相关的概念。它作用于系统的分析与设计。

(3) PSM 到 PSM 的转换。这个转换用来精炼构件实现和部署过程中有关模型之间的关系,如具体服务的选择和属性配置,通常与 PSM 的细化有关。

（4）PSM 到 PIM 的转换。当要从现有的实现模型中抽出抽象的平台无关模型时，进行该转换。通常情况下这是一个逆向工程。当 PSM 业务领域的信息被改变时，需要将这个改变反映到 PIM 中，使 PIM 与 PSM 保持同步。在理想状态下，从 PSM 到 PIM 的转换结果应该与从 PIM 到 PSM 的转换结果相对应。

（5）PSM 到代码的转换。该过程由 PSM 产生最后的可执行代码。这些可执行代码包括最终的应用程序代码和测试框架，都可以由代码生成工具从 PSM 直接生成。由于 PSM 与具体的系统实现技术已经很接近，因此这种转换比较直接。代码生成器根据经过实践考验的设计模式来生成代码。

5.1.2　模型转换的一般过程

进行模型转换是实现 MDA 的关键环节，转换规则规定了如何从一个模型创建另一个模型。具体地说，进行 PIM 到 PSM 的模型转换步骤如下。

首先，根据具体要求、具体的实现平台制订转换规则。制订转换规则的过程应该从了解目标平台开始。其次，在充分了解目标平台的体系结构和实现细节的基础上，为每个源模型基本元素寻找相匹配的目标模型元素。如果在目标模型中有多个基本元素对应同一个源模型元素，就要在规则中用"参数"或者"标记"明确指明与源模型元素对应的目标模型元素。同时，还要为每个源模型数据类型寻找相匹配的目标模型数据类型。如果在目标模型中有多个数据类型对应同一个源模型元素，同样要在规则中用"参数"或者"标记"明确指明与源模型数据类型对应的目标模型数据类型。最后，可以把制订完成的基本转换规则组合成"复合"转换规则，以指导复杂的模型元素转换过程。

按照以上步骤制订好转换规则后，就可以根据规则将 PIM 转换成 PSM。PSM 是与特定的实现技术、平台相关的。这样的开发方法意味着可以在 PIM 阶段规划系统集成和互操作性，但是推迟到 PSM 阶段才得以实现。

5.1.3　模型转换的特点及存在的问题

模型转换过程中一般具有以下特点。

1. 可调性

在模型转换过程中有时会出现目标模型有多个元素对应源模型的一个元素的情况，如果模型转换规则不定义清楚，转换就会出现歧义。这涉及模型转换规则的可调性问题。可调性的意思是，虽然转换定义中已经给出了一般规则，但规则的应用是可调的。例如，当把 UML String 转换成关系模型中的可变长字符串时，可能想针对不同的 UML String 让可变长字符串取不同的长度。这可以有几种方式控制转换过程。例如，对转换可以拥有的最直接控制是能够自行定义哪个模型元素按照哪条规则来转换。这肯定是最灵活的方案,但有可能会造成错误,而且工作量相当大。因为一个系统有很多类,每个类有很多属性和操作。如果要为每个元素选择转换规则,那么情形就变得无法控制。另一种方法是可以给每个转换规则附加一个条件,该条件描述了对应的规则何时才被应用。原则上讲,源模型中的所有模型元素都可以用于这个条件。甚至可以表示非常具体的规则,比如"每个名字中有 thing 这个字符串的类被转换为……"或"每个同 x 类关联的类被转换为……"。但是这种方法缺少灵活性。

第三种方法是通过参数来调整。转换定义可以参数化,这样它们就可以遵从特定的样式。在 UML String 转换成关系模型中的可变长字符串时,就可以把可变长字符串的长度作为参数来设置。这种方法又称为参数化映射,是目前解决此类问题使用最多的方法。

但是,在这种方法中,最重要的就是解决参数的抽象级别设置问题。例如,类 A 和类 B 是一对多的组合关系,即类 B 是类 A 的一部分,而且类 A 的实例拥有多个类 B 的实例引用。那么类 A 的 getB 操作就应该返回一个类 B 的集合。如果模型实现代码为 Java 的话,那么这个操作就应该返回一个 Collection,或者说返回一个 Java Collection 接口类型之一。问题是 Collection 有很多子类或子接口,如 Set、List 和 Map。这个操作应当返回哪种 Java Collection 类型?这就由所设计的规则决定了。可以有以下三种作选择的方法。

(1)硬性规定生成的接口类型,如每次都生成 List 或每次都生成 Map。但是这种方法缺乏灵活性,应用范围太窄。

(2)加入与接口类型相关联的标记。例如,把一个 PSM 映射到 Java 语言,工具默认生成 List。但是如果想生成 Map,就在 PIM 图中加入{Map}标记,以指导模型转换过程。这种方法通过创建特定于 PIM-Java 映射的语言(UML profile for Java)来做到这一点。到别的平台的映射不能复用这种语言。而且如果 PIM 包含同 Java 相关的标记值,那么它就不是真正的 PIM 了,因为 PIM 应当和任何技术细节都无关。

可以考虑用工具来过滤应用于 PIM 的平台相关的映射参数。这样就可以说平台相关的标记值"同 PIM 相关联",而不是"平台的一部分"。从理论上讲,好的 MDA 环境应当允许建模者很容易地过滤掉用特定语言表达的元素,把被过滤掉的元素再放回模型也同样容易。如果开发工具具有这一能力,那么建模者就可以命令它把凡是用标记(这些标记专为某种语言的映射参数化而设计)表示的元素都过滤掉。如果要把 PIM 映射到好几个平台,那么每个 PIM-PSM 映射就需要一个参数化语言。这样一个 PIM 就需要关联到多组参数值,每组参数值表示到一个特定平台的映射参数化。例如,可以定义参数化到 EJB 的映射语言,还可以定义参数化到 .NET 的映射语言。EJB 生成器会忽略同 PIM 关联的所有关于 .NET 映射的属性,甚至可能对它们根本一无所知。从理想的角度讲,优秀的工具应当允许简单地按照语言来过滤这类值。所以,通过一个简单的操作,工具可以把关联到特定语言的所有信息都设置为可见或不可见。另外,可能会想要多组 EJB 映射参数值,每组参数都使用相同的参数化语言,但是随着系统构建版本的改变,随着基于 EJB 的目标环境的改变,参数会有不同取值。因此,开发工具应当能够过滤用同一种语言表述的不同取值集合。这些想法都是我们对于模型转换工具的需求和期望,从目前的开发状况看,现有的 MDA 工具在这些方面的功能还不完善,这也是今后项目开发的一个前景方向。

（3）以一种独立于平台的标记来区分目标模型元素的差异,这种方法称为"抽象化"方法。这需要对目标模型元素的差异进行抽象分析,具体到上述返回集合的例子。在 Java Collection 中,Set 与 List 相比,Set 要求其中的对象不重复,List 可以重复但是必须有序;Map 和 List 中的对象都可以重复,都是有序集合,但是 Map 是映射到对象的键的有序集合。在比较各个集合的差异后,可以定义"抽象化"的标记来指导模型转换过程。如果要求生成的集合里没有重复元素,可以设置"抽象化"标记｛isUnique＝True｝。这样就排除了生成 List 和 Map 的可能性。如果要求生成的集合元素与键值一一对应,可以设置"抽象化"标记｛isKeyed＝True｝。那么模型转换就不会产生 List。如果要求生成的集合元素有序,可以设置"抽象化"标记｛ordered＝True｝。那么就可以得到有序的集合。"抽象化"标记方法不仅可以用来驱动 PIM－Java 映射,还可以驱动到其他平台的映射。因为对象集合和对象键集合在其他实现技术中也有这一差异。事实上,哪怕关联端是单值的,这一差异也存在。因为依然存在"链接是由对象引用维护还是由映射到对象的键来维护"这一问题。虽然这种"抽象化"标记是平台独立的,但简单地过滤掉定义的标记值(isUnique、isKeyed)的能力依然会对我们有所帮助。没有标记值的 PIM 比有标记值的 PIM 更抽象、通用性更强。可能需要在不同的环境下复用更为抽象的 PIM,在不同的应用环境中抽象值会有所不同。

从 MDA 的角度来看,抽象 PIM 语义的"将其抽象化"方法比用特定于平台的映射参数来给 PIM 作标记要好。包含 isKeyed 标记值的 PIM 依然是 PIM,而标记值则在映射到除 Java 外的平台时也有用。isKeyed 标记的值已经不是映射参数,它是 PIM 的一部分。现在 MDA 依然处在开发的早期阶段,因此试图把所有东西都抽象到 PIM 层次不太可行。从目前看来,"抽象化"是最好的解决方法。本书后续部分在采用标记方法描述规则时,也使用了这种方法。

2. 可追溯性

可追溯性的意思是指从目标模型中的元素可以追溯到生成它的源模型中的

元素。在一些情况下,可追溯性是应用 MDA 的一个很大的好处。众所周知,PIM 一般并不包括实现完整的系统所需要的全部信息,必须手工在 PSM 中填补这一空缺。如果开发人员有改动 PSM 的能力,那么他们也可能会改动 PSM 中自动生成的部分。开发工具至少应该向开发人员发出警告,他更改的部分是从 PIM 生成的。如果开发工具可以提示由 PSM 的改动获知 PIM 的进一步改动就更好了。例如,开发人员改变了 PSM 中一个操作的名字,那么工具就可以提示相应改变 PIM 中对应的操作的名字。为了提供这类支持,开发工具需要将 PSM 中的操作追溯到 PIM 中的操作。

在另一种情况下,可追溯性也很有用。比如,某个项目进展很顺利,PIM 开发完毕,PSM 被生成,缺少的信息也都被补全了。此时,一些需求改变了。辨明变动的需求会影响 PIM 的哪部分常常比辨明哪些代码会受影响要简单。当代码和 PSM 的相应部分能追溯回 PIM 中的元素,那么对需求变动做出分析就要简单许多。在系统已经交付的情况下,当用户反馈系统错误时,可以通过寻找 PIM 中表现错误功能的元素来定位出错的代码。如果打算在代码中修复错误,可追溯性依然很有帮助,因为开发工具可以列出 PSM 和 PIM 中需要做出的改变,甚至应当能够自动做出改变。

3. 增量一致性

增量一致性是指当把目标相关信息加入目标模型后,重新生成的目标模型会保留这一信息。当生成目标模型后,常常还需要做一些额外的工作,比如,填入操作代码或者调整用户界面以使其最优。当因源模型的改动而重新生成目标模型时,希望对目标模型所做的这些改变依然保留。这就是所谓的增量一致性。

4. 双向性

双向性意味着不仅可以从源模型变换为目标模型,还可以从目标模型变换为源模型。可以通过两种方法实现双向变换,即正向变换和逆向变换都采用同样的变换定义执行和分别制定两个变换定义。

对于第一种方法,由于源语言和目标语言的不同,很难创建可以双向工作的变换定义。以业务模型中的状态图到 Java 编程模型的变换为例,在正向变换过程中,可以把状态变换成布尔类型的属性。但是,往往并不能够在逆向变换中获悉哪些属性是业务模型中的状态。虽然业务模型和代码模型在语法上是等价的,但代码模型失去了业务模型的抽象特性。对于第二种方法,由于很难确保两个变换定义是互逆的,因此创建变换定义也具有一定的难度。

关于双向性的讨论,也是模型转换过程的"往返工程"问题。

对于这个问题一般有三种解决态度。第一种是坚持认为自由度应当为零,即"只允许正向工程",不允许对从 PIM 生成的代码进行改动,这样就可以保证在迭代开发过程中 PIM 改变后,同步连锁效应只在一个方向上发生。持这种观点的工程师是因为受到了 MDA 在实时和嵌入式系统中的成功应用的事实的鼓舞。在这个领域中多年来只有正向工程。有些系统包含了几十万行自动生成的复杂代码。

但是如果"只允许正向工程",那么只用说明性语言对系统进行静态建模是不够的,还需要用动作语言对系统进行动态建模。因为任何系统都不可能通过纯粹的说明性建模完成完整的实现。因此,"只允许正向工程"方法不仅需要说明性建模,还必须使用行为建模,如状态机模型和活动模型。动作语言对于用"只允许正向工程"方法使用 MDA 很重要。它们以独立于平台的方式描述了如何实现一个操作。例如,假设定义了一个操作,它把一个正的浮点数作为输入并返回它的平方根作为输出。可以用说明性的先验条件和后验条件来规定这些。但是,先验条件和后验条件并不能指明想用于实现计算平方根的特定数值算法。这就必须通过把动作语句放在操作定义中来做到。在建模领域已经出现了可执行 UML(executable UML),它被定义为普通 UML 和动作语义的动态行为的组合。可执行 UML 既保留了普通 UML 为结构部分建模的长处,又弥补了普通 UML 的对行为建模不足的缺点。在可执行 UML 中,状态机成了定义行为的起点,每个状态都可以通过一个用动作语义写出的过程来描述。但是可执行 UML 的具体语法至今还没有被标准化。

局部往返工程(partial round-trip engineering)允许程序员增强生成的文件。但是,"增强"只能是增加,不能覆盖或删除从高层模型生成的内容。此外,程序员不能增加可以在高层抽象中定义的东西。例如,程序员可以在操作的实现中增加一些 Java 代码,该操作是从 PIM 生成的。稍后,当 PIM 被"增强"了,那么代码也重新生成,但是只要程序员遵守上述规则,生成器就不会覆盖程序员增加的代码。

在 GUI 和元数据仓库开发工具中,"局部往返工程"占有优势。有些开发 GUI 的环境允许创建"所见即所得"的对话框或者网页模型,然后生成代码(如 Java 或者 HTML),代码中有一些区域保留给程序员添加内容。程序员不应该修改保留区域外的任何东西,也不能在代码层增加任何可以在"所见即所得"层定义的东西,如不应当直接在代码中定义一个新的按钮。

MOF 元数据管理工具也允许程序员给生成的代码添加东西,当高层模型被增强,需要重新生成代码时,程序员添加的代码会被保留。有些工具标记了能否添加内容的区域边界,这是通过在代码中生成编译器可以识别的注释来做到的。比如下面的 Java 例子:

```
//+Programmers add validation code here
//+End programmer - inserted validation code
```

这里的"//+"是标出边界符。程序员不能在边界外添加任何代码。生成的代码通常有几个这样的可添加块。分界符用"//"打头,这意味着标准 Java 编译器不会拒绝编译。这种标记边界的方式有一些不安全,除非开发工具已经相当成熟,因为程序员很可能不小心越出了边界。目前,已经出现了另一种更安全的技术,这种技术规定程序员必须把所有添加的内容都放在完全独立的类中,这些类放在独立的源文件中。使用"局部往返工程",同步连锁效应依然被限制在一个方向上。但是,开发工作流比"只允许正向工程"要复杂。此外,开发工具必须足够"聪明",以免覆盖程序员所做的增强工作。

与"只允许正向工程"相对的是"完整往返工程(full round-trip engineering)"。在这一方法中,在较低的抽象层次定义的东西可以反映到较高层次中去,并可以迭代进行。例如,用 Java 代码定义 get/set 操作对,它可以在 PIM 中反映为读写属性。当然,代码中会有一些额外的元数据来把 get 操作和 set 操作联系起来。"完整往返工程"允许开发者随心所欲地把更多的时间花在编码上,而把较少的时间花在较高层次的模型上。因为双向同步允许他通过手工编码完成很大一部分开发工作。我们认为"完整往返工程"是很难实现的。因为如果在目标模型中添加了额外信息,或者如果源模型中有信息没有转换到目标模型中去,那么就无法获得双向性。例如,当把业务模型转换成关系模型时,只转换了源模型的结构信息,源模型中所有的动态信息都被忽略了。不可能从关系模型中重新生成完整的业务模型。而且只有源模型和目标模型的表达能力相同时,才可能进行完整的双向转换。这就意味着源模型和目标模型的抽象程度是相同的。而事实上 PIM 的抽象程度比 PSM 高,而且这是 MDA 的重要特征。

在上述三种方法中,"只允许正向工程"是最理想的方法,但是运用范围较窄,而且需要的动作语义部分没有标准化,不能用在复杂的开发过程中。"完整往返工程"则很难实现。从现在发展情况来看,开发过程无法实现完全互逆。只有"局部往返工程"方法比较符合实际情况,而且在 ArcStyler、OptimalJ 等开发工具中已经实现了这种方法。

5.2　主题域模型转换方法

5.2.1　PIM 到 PSM 模型转换的一般方法

模型转换没有对源语言和目标语言进行任何限制,即源语言和目标语言可以用相同或不同的语言。源模型和目标模型用同种语言是直接在源模型和目标模型之间定义转换;使用不同语言是在描述两种模型的语言之间定义转换。目前,PIM 模型到 PSM 模型的转换可以通过以下方式实现。

① 元模型转换方法:元模型(metamodel)是指模型的模型,元模型用来定义建模语言的元素及元素之间的关系。元模型是特殊的模型,它的建模对象是语言。PIM 模型使用平台无关的语言来描述,这种平台无关的语言使用平台无关的元模型描述。PSM 模型使用平台相关的语言描述,这种平台相关的语言用平台相关的元模型来描述。元模型转换法就是建立两个元模型的模型元素之间的映射,当进行模型转换时,根据元模型元素之间的映射来转换源模型的模型元素,从而生成目标模型。

② 标注 PIM 模型方法:在转换之前选择一个特定的平台,与这个平台对应有一个映射规则,这个映射规则包含一系列预先定义的标记,这些标记用于给 PIM 模型中的元素增加标注,来指导模型的转换过程。给模型元素增加完标记后,将使用此平台对应的映射规则来对加了标记的 PIM 模型进行转换,生成对应的 PSM 模型。

③ 模式应用方法:模式应用是在元模型转换的基础上加上模式,源模型中的元素、属性、关联等信息和模式信息被映射到目标模型中的元素、属性、关联和模式,或源模型语言和模式信息被映射到目标元模型的语言和模式。

④ 模型合并方法:不同的源模型合并起来映射到目标模型。

⑤ 增加附加信息方法:在源模型的基础上,加入附加信息映射到目标模型,这些附加信息可以是应用领域信息或平台信息。

⑥ 图重写方法:Alexander Christoph 提出的 GREAT 图重写转换框架为 UML 类图提供了一个开放式的转换平台,框架提供一个转换方法的集合,能够实现类图从抽象到具体或从具体到抽象的转换过程。该转换框架可应用在多种情况。

5.2.2　变换定义的设置

1. 变换定义的规则需求

模型转换的实现离不开对于模型转换语言的定义和描述。模型变换定义就是一组变换规则,这些规则共同描述了用源语言表述的模型如何变换为用目标语言表述的模型。变换规则是对源语言中一个(或一些)构造如何变换为目标语言中一个(或一些)构造的描述。

模型变换规则的定义可以包含[11]以下内容。

① 源语言引用。

② 目标语言引用。

③ 可变映射参数,如用于目标生成的常数。

④ 一组命名的源语言模型元素,这组模型来自源语言元模型。

⑤ 一组命名的目标语言元素,这组模型来自目标语言元模型。

⑥ 双向标记,它是一个表明是否可以从目标模型重新生成源模型的布尔标记。

⑦ 源语言条件,用于表明应用转换规则时,源模型必须保持的条件,该不变式只能用于源语言模型元素。

⑧ 目标语言条件,用于表明应用转换规则时,目标模型必须保持的条件,或者当目标模型还不存在时需要生成的条件的不变式,该不变式只能用于目标语言模型元素。

⑨ 一个映射规则的集合,其中每条规则都把某些源模型元素映射到目标模型元素,每条规则可能是基本规则,也可能是基本规则的组合。

一个变换规则是由上述的几个或者全部所构成的。

2. 变换定义规则表示

在本书中,变换定义的语言使用 ASL。变换规则的每部分都有特定的表示法。每条变换规则都以关键字 Define Transformation 以及变换名作为开始。在变换名后面的括号中说明源语言和目标语言的名称。第一个名称是源语言,第二个名称是目标语言。在实际应用中,语言名是标准的完整名称,此处使用缩写。例如:

```
Define Transformation ClassToTable(UML,SQL)
<ASL statement>
```

变换规则的参数写成一个变量声明的列表,跟在关键词 params 后面。变换参数的类型必须是源语言或者目标语言中已经定义的类型。例如:

```
params
    setterprefix:Text = "set",
    getterprefix:Text = "get",
    …
```

在上述的类转化语言代码中,Text 是平台无关模型定义的语言基本类型。

源语言和目标语言的模型元素也写成变量声明形式,分别跟在关键词 source 和 target 后面。模型元素的类型必须是分别在源语言模型和目标语言模型中定义过的类型。例如:

```
target
    c:SQL.Colum,
    f:SQL.ForeignKey,
    …
```

源语言条件和目标语言条件是用跟在关键字 source condition 和 target condition 后面的 ASL 布尔表达式表示的。用于 source condition 表达式的元素只能来自源语言,表达式只能以 source 部分定义的元素开头;用于 target condition 表达式的元素只能来自目标语言,表达式只能以 target 部分定义的元素开头。例如:

```
target condition
    f.value=c and c.type=f.refersTo.value.type,
    ...
```

所有的变换规则都以关键字 mapping 开头。在变换规则的表示法中,使用中缀运算符<~>,用来连接两个操作数,表示由源元素转换为目标元素,例如:

```
mapping
  c.name<~>t.name,
  ...
```

根据上述的形式化规则组成了特定的变换定义。但是有时通过组合基本规则形成复杂的规则,即指定按顺序执行一定的变换定义来定义新的变换定义更方便。就是说变换定义可以通过指定集合中的所有变换规则来定义,也可以通过指定按顺序执行别的变换定义来定义。

在两个变换定义按顺序执行的情况下,子变换定义会导致中间模型的产生,这个中间模型是第一个子变换定义的目标模型,也是第二个子变换定义的源模型。对于由其他变换定义序列定义的变换定义,有以下一些规则。

- 组合变换定义的源语言是第一个子变换定义的源语言。
- 最后一个子变换定义的目标语言是组合变换定义的目标语言。
- 任何子变换定义的源语言都是前一个子变换的目标语言。

5.2.3　源模型语言 xUML 的元模型结构

由于本书研究中对 PIM 的建模采用了 xUML 语言,因此在后续研究中将 xUML 元模型作为模型转换的元模型语言进行研究。

1. 元模型层次的划分

基于元模型的元建模机制是 MDA 的基本建模方法,也是 MDA 过程中进行模型转换的基本方法。模型是通过建模语言表达的。建模语言通常具有良好的语法规则和语义,每种建模语言都有对应的元模型。元模型定义了构成建模语言的模型元素以及这些元素之间的联系,因此元模型是从静态角度来定义模型语言的。元模型和建模语言构建的模型都属于模型的范畴,不同点在于这两种模型表述信息的抽象层次不同。元模型反映的是建模语言的相关信息,而使用建模语言建立的模型反映的是现实世界中应用系统的信息。

元模型中的“元”表示的是一种实例化的含义,可以将建模语言建立的模型视为元模型的一种实例化结果。使用元模型的好处有以下几个。

① 元模型提炼出用于定义建模语言的模型元素,使用这些模型元素可以用于定义不同抽象层次的模型。

② 元模型为扩展建模语言提供了基础。

在 MDA 中,负责定义元模型的对象是元对象设施,即 MOF(meta object facility)。MOF 为构建元模型定义了一种通用的模型语言,并为其定义了一套完善的语义和完整的语法规则。按照 OMG 的标准,MDA 建模定义了四个层次。OMG 将这些层次称为 M0、M1、M2、M3,如表 5-1 所列。

表 5-1　MOF 的层次

元层次	描　述	元　素
M3	MOF,定义元模型的构造集合	MOF 类,MOF 属性,MOF 关联等
M2	元模型,由 MOF 构造的实例组成	UML 类、属性、状态、活动等
M1	模型,由 M2 元模型构造的实例组成	"Bomb"类,"Bomb"表等
M0	对象和数据,即 M1 模型构造的实例	某个型号弹药等

① M0 层:模型实例。

运行的应用系统位于 M0 层,这是实例所在的层次。处于该层的模型元素一般指系统运行时反映现实世界事物的运行实体。这些模型元素在系统中有多重表示方式,如数据库中的信息、处于系统运行时内存中的对象等。

当进行业务建模时,M0 层的实例就是业务对象,如人、发票、产品等。当进行软件建模时,实例就是真实世界中的对象的软件表示,如发票、订单、产品信息、人事数据的电子版本等。

② M1 层:系统的模型。

处于该层的模型元素用于组成反映应用系统信息的模型,这种模型一般可以使用 UML 等建模语言建立。可以将 M0 层模型元素视作 M1 层模型元素的实例化结果。M1 层包含模型,如软件系统的 UML 模型。在 M1 层的模型中定义诸如 Customer 这样的概念及其 Name、City 和 Street 属性。

M0 层和 M1 层之间有确定的关系,M1 层的概念都是 M0 层实例的归类。换句话说,M0 层的元素都是 M1 层元素的实例。M1 层元素直接规定了 M0 层的元素的归类。比如,UML 类 Customer 描述了 M0 层的客户实例是什么样。不可能出现不遵守 M1 层规约的实例。如果某个实例有 Name 和 City 属性,但没有 Street 属性,那么它就不是 Customer 类的实例,必须在 M1 层设计另一个类来规定。

③ M2 层:元模型。

处于该层的模型元素用于组成元模型。模型元素本身的静态结构以及模型元素之间的各种联系分别反映了元模型定义的模型语言所具有的语法和语义信息。可以将 M1 层中的模型元素视作由多种具有特殊联系的 M2 层模型元素实例化后的实体组合而成的模型元素。

位于 M1 层的元素(类、属性以及其余模型元素)本身就是 M2 层类的实例。M2 层的元素规定了 M1 层的元素。M1 层和 M0 层之间的关系也出现在 M2 层和 M1 层之间,每个 M2 层的元素都是对 M1 层元素的归类。正如 M1 层包含了用来思考 M0 层元素的概念,M2 层也包含了用来思考 M1 层概念的概念,如类和关联。

位于 M2 层的模型称为元模型。按照定义,每个 M1 层的 UML 模型都是 UML 元模型的实例。当创建系统模型的模型时,创建的就是元模型——位于 M2 层(元模型层)的模型。事实上,当创建元模型时,是在定义一种建模语言,模型就是用这种语言来表述的。

④ M3 层:元元模型。

处于该层的模型元素在四种抽象层次中具有最高的抽象程度。这些模型元素用于定义 M2 层中的模型元素。因此,可以将 M2 层中的模型元素视为该层模型元素的实例化结果。由于 MDA 只定义了四层抽象层次,并且这些模型元素处在抽象层次的最高层,因此它们属于自定义类别的模型元素,即它们具有的语法及语义由它们自身定义。MOF 就是在该层定义的。

图 5-1 所示的 MOF 的层次示意图中显示了 M0~M3 层的完整关系。正是这样完善的四层结构的元模型体系结构,为 MDA 体系内的元模型提供了统一的框架。所有由 MOF 定义的元模型,均遵守 MOF 的 M3 所提供的建模标准,拥有相同的语法与语义。这种统一的形式化,使得在 MOF 体系内的模型转换变得相对容易且直接。对转换规则的定义而言,在两个基于 MOF 的元模型语言之上定义的转换,要比在两种非基于 MOF 的转换,或者一种是基于 MOF 的,另一种不是基于 MOF 的元模型语言之间定义的转换要容易得多。而且进一步地,MOF 对元模型定义的形式化,也从另一个方面为转换语言的形式化定义提供了可能。

2. xUML 的元模型结构

基于元模型的转换方法就是说,PIM 与 PSM 之间的转换是建立在 PIM 元模型与 PSM 元模型之间的转换规则基础上的。因此,在定义转换规则之前,需要将 PIM 元模型中的模型元素与 PSM 元模型中的模型元素之间的映射关系建立起来。这种映射关系说明了 PIM 元模型中的模型元素应该对应到 PSM 元模型中的哪些模型元素。这种映射关系是一种契约性的声明,它只是声明了参与映射关系的模型元素。

本书中研究的 PIM 平台无关模型是以 xUML 的元模型为基础进行建模的,因此,有必要对 xUML 的元模型结构有所了解。图 5-2 显示了 xUML 模型的元

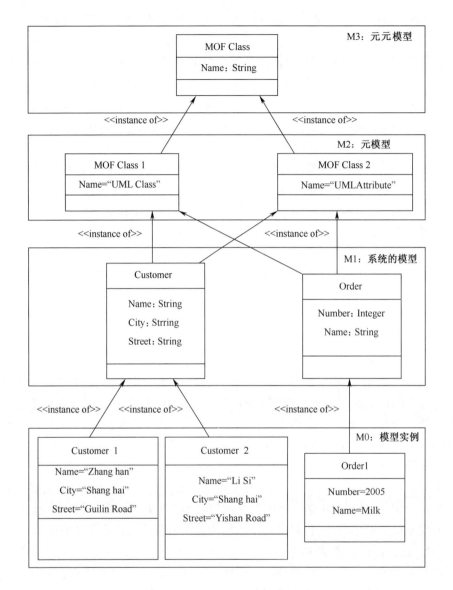

图 5-1　MOF 的层次示意图

模型结构。其中主要包括建模时最常用的一些元素,如域、类、属性、操作等。

5.2.4　面向对象语言平台的模型转换

　　本书在前面已经提到,基于 MDA 的联邦式装备保障建模仿真系统模型转换方法采用了元模型转换法和标记转换法相结合的方法。从本小节起,本书将分别对采用元模型转换和标记转换的模型进行规则定义。在建模仿真系统的开

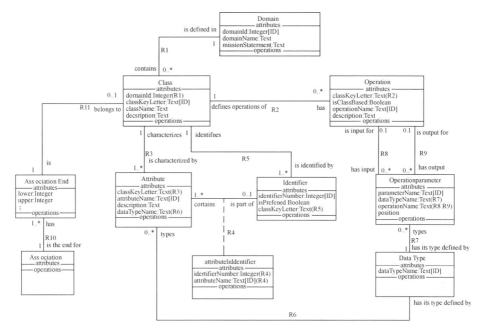

图 5-2　xUML 元模型结构

发过程中,常用的程序开发语言都是采用了面向对象的思想。因此,本小节以面向对象语言 Java 为例,描述 PIM 向面向对象语言平台转换的过程及转换规则。

　　由变换定义的描述可以了解到变换两端的源语言和目标语言并没有任何的限制,也就是说源模型和目标模型可以用相同或不同的语言表达。这样就可以定义相同语言表达的 PIM 和 PSM 之间的变换。本书在将仿真实例的 PIM 模型进行面向对象语言平台的 PSM 模型转换时,就使用了从 xUML 模型到 xUML 模型的变换规则。但是,应当明确的是,虽然源模型和目标模型都是使用 xUML 创建的,但 PSM 模型表示的元模型语言可以称为 xUML profile for Java,它只是用到了 xUML 的一部分构造,这些构造必须能够一一对应地变换到 Java 语言中的构造。在概念上,目标语言不是普通的 xUML,而是 xUML 的一个特定子集,如在 xUML 中的 Text 类型在 xUML for Java 中就需要表示成 String 类型。

　　针对面向对象语言的特点,主要从模型属性的转换、模型关联关系的转换和模型到类的转换三个方面,分析这种转换过程并定义其规则。

1. 属性的转换

　　在高层次 PIM 中,PIM 作为业务概念模型,属性一般都被定义为公有。PIM 中公有属性的含义是对象具有所指定的属性,这个属性随着时间改变可以取不同的值。

145

在 PSM 中,所要创建的是面向源代码的模型,都使用公有属性来设计并不是适合的程序结构。因此,在模型转换时,使用信息隐藏技术,对公有属性进行封装,将所有公有属性均变成私有,使用操作对属性进行读写。PIM 转换成 PSM 的规则有以下几个。

(1)对 PIM 中每个名为 className 的类,PSM 中要有一个名为 className 的类。

(2)对 PIM 中 className 类的每个名为 attributeName:Type 的公有属性,目标模型 className 类中要有以下属性和操作。

① 一个名字同为 attributeName:Type 的私有属性。

② 一个公有操作,名字为属性名加上"get"前缀,以属性类型作为返回类型:getAttributeName( ):Type。

③ 一个公有操作,名字为属性名加上"set"前缀,以属性作为参数,没有返回值:setAttributeName(att:Type)。

具体的变换规则如下。

```
Define Transformation xUMLDataTypeToSQLDataType (xUML,xUML)
params
      setterprefix:String=" set"
      getterprefix:String=" get"
source
      sourceAttribute:xUML.Attribute,
target
      targetAttribute: xUML.Attribute,
      getter:xUML.Operation,
      setter:xUML.Operation,
target condition
//setter->R8.Operationparameter 中的 R8 表示的是图 4-2 中的关联关系
    setter.name= setterprefix +targetAttribute.attributeName \
    &setter->R8."has input".Operationparameter.parameterName= \
    targetAttribute.attributeName \
    &setter->R8.Operationparameter->R7.DataType= \
    targetAttribute->R6.DataType \
    &getter.name= getterprefix +targetAttribute.attributeName \
    &getter->R8.Operationparameter={} \
    &getter->R9.Operationparameter->R7.DataType= \
    targetAttribute->R6.DataType \
    &targetAttribute->R3.class= setter->R2.class \
    &targetAttribute->R3.class= getter->R2.class ,
```

146

```
mapping
      sourceAttribute. attributeName < ~ > targetAttribute. at-
tributeName,
      sourceAttribute ->R6.DataType<~> targetAttribute->R6.DataType
```

2. 关联关系的转换

所谓关联实现模式,是指处理类与类之间关联关系和关联产生的属性的方法。目前,主要有两种实现模式,即隐式实现模式和显式实现模式。

1) 显式实现模式

显式实现模式引入了关联类的概念。关联类是一个与关联关系相联的类,表示该关联的信息。它有多个对象,每个对象称为一个链接(link)。那么,关联类反映相关联的类之间的关系,而链接则反映的是相关联类的对象之间的关系。由关联产生的属性被移到关联类中作为关联属性,而相关联的类只包含自己的固有属性,且必须通过关联类中的 reference 属性才能访问对方。图 5-3 中给出显式实现模式的举例。

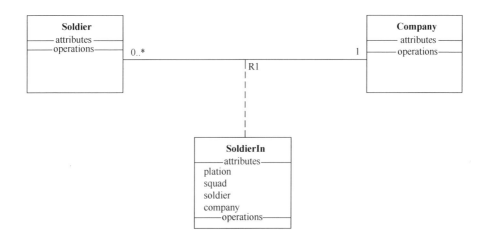

图 5-3　显式实现模式举例

在此模式中,SoldierIn 类为关联类,其中属性包含由关联产生的属性:排 plation、班 squad 和 reference 属性:soldier、company。该类的每个对象 Link 把一个 Soldier 类的对象 Sr 和一个 Company 类的对象 Cy 链接起来。Sr 和 Cy 是相互独立的,当对象 Link 被撤销时,它们之间的关联关系也被解除,而 Sr 和 Cy 依然可以和其他类的对象相互作用,无需作任何改动。这种实现模式使类彼此之间不再具有依赖性,并且增强了类的可维护性和可重用性。

2) 隐式实现模式

该模式将关联关系及其属性分配到相关联的类中。类与类之间的关系为关联关系,由关联产生的属性作为相应类中的属性,通过该属性可以访问相关联的类。这种实现模式包含关联关系,但没有以显式的形式给出。

图 5-4 中给出了一个隐式实现模式的示例。在该关联中,由于火炮归属于红方炮兵营,因此把红方炮兵营编号 redArtillertyID 这个关联关系产生的属性作为 ArtilleryPiece 类的属性。ArtilleryPiece 类的对象通过 redArtillertyID 可以导航到相关联的 RedArtillery 类的对象上。

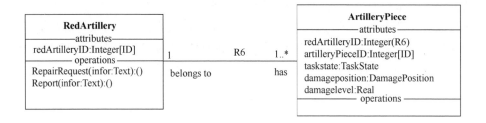

图 5-4　隐式实现模式示例

隐式实现模式具有主题突出、结构简练的特点。对隐式实现模式进行模型转换时应符合以下规则。

（1）对每个关联端,对面的类中存在一个与关联端同名的私有属性。

（2）如果关联端多重性为 0 或 1,那么这个属性的类型是关联端旁边的类;如果关联端多重性大于 1,那么这个属性的类型是 set。

（3）新创建的属性会有相应的 get 和 set 操作,遵循的规则同其他的属性相同。

（4）对于有向关联,上述规则只用于箭头反方向的类。

根据上述内容,规则分为以下两部分。

① 将重数上限为 1 的关联端的类变换为 Java 类,转换规则如下:

```
Define Transformation SimpleAssociationToAttribute ( xUML, xUML)
source
     ae:xUML.AssociationEnd,
target
      att: xUML.Attribute,
source condition
     ae.upper<=1,
target condition
```

```
      att->R6.DataType.isTypeOf(Class),
mapping
      ae.associationEndName <~>att.attributeName,
      ae.associationType<~> att->R5.DataType
```

② 将重数大于 1 的关联端的类变换为 Java 类。该部分与第一部分内容大体相同,都是变换 xUML 描述的类到 Java 类,只是在规则(1)中关联端类型和变换后属性的类型均为元类 Class,而这一变换中使用了 Set,Set 中的元素为 Class。变换规则如下:

```
Define Transformation  MultiAssociationToAttribute ( xUML, xUML)
source
      ae:xUML.AssociationEnd,
target
      att: xUML.Attribute,
source condition
      ae.upper>1,
target condition
      att->R6.DataType.isTypeOf(Set),
mapping
      ae.associationEndName <~>att.attributeName,
      ae.associationType<~> att->R5.DataType
```

3. 类的转换

在实际操作过程中,所要定义的不是独立的关联到属性的变换,也不是属性到 getter 和 setter 操作的变换,而是从类到类的变换。在类中,关联端和属性按照上述的规则变换,其他的操作不变。变换定义如下:

```
Define Transformation  ClassToClass( xUML, xUML)
source
      c1:xUML.Class,
target
      c2: xUML.Class,
mapping
      c1->R11.AssociationEnd<~> c2->R3.Attribute,
      c1->R3.Attribute <~>c2->R3.Attribute,
      c1->R2.Operation<~> c2->R2.Operation
```

5.2.5 关系数据库平台的转换

在进行仿真的过程中,往往需要对其中的某个或者某些对象实例进行实时保存,以便仿真过程的回演重放。因此,有必要研究平台无关模型到关系数据库平台模型的转换。生成关系数据库的变换规则最主要的问题是 O/R 关系的变换。比如,在 PIM 中将一个属性的类型从简单数据类型改为类,这就意味着在对应的表中引入一个外键。简单数据库类型可以直接变换成表中的一个列,但是如果数据类型是一个类,那么这个类本身将被变换到一个表中,而原来的列则必须存放引用,引用指向类对应的那个表。

前面进行的模型转换是在同样用 xUML 语言表示的 PIM 和 PSM 模型之间进行的。而要利用元模型变换方法将 PIM 模型转换成关系型 PSM 模型,使用的表示语言则是不同的。因此,首先应当了解用于关系型 PSM 模型转换的 SQL 元模型的基本结构。图 5-5 中显示了 SQL 元模型的简化图。其中,包括关系数据库的主要基本元素,如表、列、主键、外键等。下面来研究 PIM 向关系型数据库平台模型转换过程及其规则。

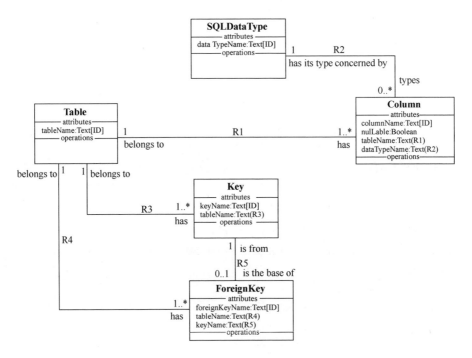

图 5-5 SQL 元模型简化图

1. 基本数据类型的转换

进行仿真开发时,PIM 主要包括 INTEGER、TEXT、REAL 和用户自定义的枚举类型等基本数据类型。而枚举类型在使用时,通常使用整数代表不同的取值。因此,这里主要对 INTEGER、TEXT、REAL 的转换进行规则书写,其他的类型转换规则与此书写规则相似。具体的转换规则如下:

```
Define Transformation xUMLDataTypeToSQLDataType (xUML,SQL)
source INTERGER:xUML.DataType,
      REAL:xUML.DataType,
      TEXT: xUML.DataType,
target NUMBER(6):SQL.SQLDataType,
      NUMBER(6,4) :SQL.SQLDataType,
      VARCHAR2 (40) :SQL.SQLDataType,
mapping
INTEGER<~>NUMBER(6),
REAL <~>NUMBER(6,4),
TEXT <~>VARCHAR2 (40)
```

2. xUML 的属性到 SQL 的列变换

当 PIM 模型中的属性为基本数据类型时,可以将该属性直接转换为 SQL 模型的一个列。如果某个属性是一个复杂的数据类型,如结构等(该数据类型不具有操作),本书中选择将该结构中的属性都展开到表中成为若干的列。当属性的类型不是数据类型而是类时,表中的字段将包括外键,外键指向表示该数据类型类的表,这是下面将讨论的问题,这里首先给出属性到列的变换规则。对于可直接变成表中列的属性,其属性值可以为空。转换规则如下:

```
Define Transformation AtrributeToColumn(xUML,SQL)
source
  attr: xUML.Attribute,
target
  column: SQL.Column,
target condition
  column.nullable=true,
mapping
    attr.attributeName<~>column.columnName,
attr->R5.DataType<~>column->R2.SQLDataType
```

3. xUML 中的关联端到 SQL 外键的变换

xUML 模型中的关联需要被变换为数据库模型中的外键关系,这可能会引入新的表结构。在 xUML 模型中,从类 A 到类 B 的关联多重性有以下几种可能。

① A 端的多重性是"0 或者 1"。

② A 端的多重性是 1。

③ A 端的多重性大于 1。

同样地,B 端的多重性也有这些选择。这样两端的多重性就有 9 种不同的组合,因此也具有不同的变换规则。这里主要描述比较常见的三种转换。

①当关联的两端均为 1 时,为任何一个类所建立的表中添加外键均可。此时在任何一端进行以下转换,转换规则如下:

```
Define Transformation AssociationEndToForeignKey(xUML,SQL)
source
     assocEnd: xUML.AssociationEnd,
target
     foreign: SQL.ForeignKey,
source condition
    assocEnd.upper =1and assocEnd.lower =1
mapping
    assocEnd.name<~>foreign.foreignKeyName,
  assocEnd->R11.Class->R5.Identifier <~> foreign->R5.Key
```

②当某一关联端的多重性为 1 到多,而另一端为 1 时,为该端进行类似转换,规则如下:

```
Define Transformation AssociationEndToForeignKey(xUML,SQL)
source
     assocEnd: xUML.AssociationEnd,
target
     foreign: SQL.ForeignKey,
source condition
assocEnd.upper>=1
mapping
    assocEnd.name<~>foreign.foreignKeyName,
  assocEnd->R11.Class->R5.Identifier <~> foreign->R5.Key
```

③当两个关联端的多重性均为 1 到多时,为这种关联性建立一个新表,规则如下:

```
Define Transformation AssociationEndToNewTable (xUML,SQL)
source
     assocEnd: xUML.AssociationEnd,
target
    table: SQL.Table,
source condition
  assocEnd.upper >=1and assocEnd.lower >=1
mapping
    assocEnd->R10.Association.name<~> table.tableName,
  assocEnd->R11.Class->R5.Identifier <~>table->R1.Column
```

4. xUML 的类到 SQL 表的变换

这个变换依赖于属性的变换和外键的变换,变换规则如下:

```
Define Transformation ClassToTable(xUML,SQL)
source
class: xUML.Class,
target
  table: SQL.Table,
mapping
  class.className<~>table.tableName,
class->R3.attribute<~>table->R1.Column,
class->R11.associationEnd<~>table->R4.ForeignKey
```

5. 参数设置的讨论

在上述规则对 PIM 模型进行转换时,对于字符串型、整型等数据类型的长度是规定好的,缺乏转换的灵活性。因此,可以通过设置参数来调节类型的长度取值。也就是在 params 中设置参数 i,每次变换都重新书写规则,设置不同的 i 值来达到设置长度的目的。

5.2.6　模型向 FED 文件的转换

在进行联邦式仿真系统开发时,一个重要的步骤就是生成 FED 文件。

FED 文件就是联邦执行数据文件。联邦执行数据文件是联邦对象模型开发的结果,是所有联邦成员间为交互(或互操作)目的而达成的"协议"。它记录了在联邦运行期间所有参与联邦交互的对象类、交互类及其属性、参数和相关的路径空间信息。另外,FED 文件中还记录了 HLA 与定义的管理对象模型和其他一些联邦执行细节数据。在仿真运行期间,RTI 将根据 FED 文件提供的联邦执行的细节数据创建相应的联邦执行,并在整个联邦执行生命周期内以 FED 为蓝本,协调联邦成员间的交互。

通常的 FED 文件可包括五节,分别为 Fedversion、Federation、Objects、Spaces、Interactions。其中,Federation 节定义了联邦的名称;Fedversion 节定义了 RTI 的版本号;Spaces 节定义了给定的联邦将使用的所有路径空间;Objects 节定义了联邦中所有对象和管理对象模型中的对象类的声明;Interactions 节定义了联邦中所有的交互类和管理对象模型中的交互类的声明。下面是一个典型的 FED 文件示例。

```
(FED
    (Federation FederationName)
    (FEDversion v1.3)
(objects
```

```
    (class ObjectRoot
     (attribute privilegeToDeleteObject reliable receive)
    ;对象类描述
      (class RedPosition
        (attribute remain reliable timestamp )
        (attribute supply reliable timestamp)
      )
      (class RedSupplier
            (attribute supply reliable timestamp )
        )
      (class Manager
        )
    )
    )
    (interactions
    (class InteractionRoot reliable receive)
    ;交互类描述
        (class BeginSimulation reliable receive)
        (class EndSimulation reliable receive)
        )
        (class Manager reliable receive
            )
    )
)
```

从示例中可以看出，FED 文件只反映了类之间的泛化关系。因此，可以采用以下方法进行 FED 文件的生成。首先，从 xUML 的类图中获得所有类以及各个类的子类，明确泛化关系；之后，书写变换定义规则，按照这个规则进行单个的父类、子类转换，生成 FED 文件片段；最后，将各个文件片段进行完善，添加仿真所需的特定内容，形成 FED 文件。

FED 文件采用脚本语言进行书写。这种脚本语言的元模型如图 5-6 所示。

根据元模型转换法，可以得到 xUML 元模型到 FED 脚本语言元模型的单个泛化关系转换规则，代码如下：

```
Define Transformation  ClassToFed( xUML, FED )
params
    classstring: Text = "class",
    attstring:Text = "attributeorparameter",
    left:Text = "(",
```

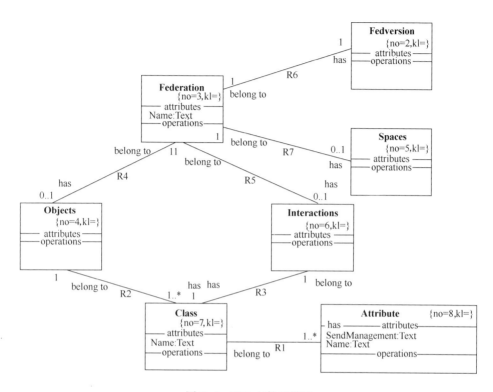

图 5-6　FED 文件元模型

```
        right:Text = ")",
source
        xumlclass:xUML.Class,
        xumlsubclass:xUML.Class,
target
        fedclass: FED.Class,
        fedsubclass: FED.Class,
source condition
        xumlclass. AssociationEnd. Association = Generalisation;
mapping
        xumlclass.className<~> classstring + fedclass.Name,
        xumlclass. Attribute. AttributeName < ~ > attstring + fedclass. At-
tribute. Name,
        find all where \
    & xumlsubclass= xumlclass-> xumlclass.AssociationEnd. Association
    While xumlsubclass<>EMPTY do
```

155

```
}
xumlclass.className<~>left+classstring + fedclass.Name+right,
xumlclass.Attribute.AttributeName<~>\
&left+attstring+fedclass.Attribute.Name +right,
}
```

5.2.7　联邦成员子域类模型的转换

标注转换法的基本步骤:首先对已有的 PIM 使用标注值进行标注,形成标注了的 PIM。这种 PIM 并不是完全意义上的平台无关,它与某种平台或某些与业务平台无关的信息相关联。然后,采用特定的转换规则,将这种 PIM 直接转换成 PSM。图 5-7 中显示了标记转换法的一般过程。

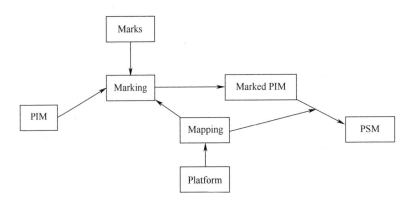

图 5-7　标记转换法一般过程

本书中对 FederatePIM 模型采用了构造型和标记值,这是对模型的一种标注。进行模型转换时,可以根据这些标注以及前面讨论的一般类的转换规则进行 PIM 到 PSM 的转换。对于 Federate 类,最重要的一个转换就是将标记值TimeManagement 转换成类的属性。变换定义如下:

```
Define Transformation  FederateToFederate( xUML, xUML)
params
    timemanagement: Text = "Timemanagement",
source
    f1:xUML.Class,
target
    f2: xUML.Class,
    Attr: xUML.Attribute,
source condition
```

```
    f1.stereotype<> EMPTY \
& f1.stereotype.taggedValue = TimeManagement,
target condition
    Attr->R3.Class = F2,
mapping
    f1->R11.AssofiationEnd<~> f2->R11.AssofiationEnd,
    f1->R3.Attribute <~>f2->R3.Attribute,
    f1->R2.Operation<~> f2->R2.Operation,
    timemanagement<~>Attr.attributeName,
    f1.stereotype. taggedValue.dataValue <~>Attr.value
```

转换规则中 stereotype、taggedValue、dataValue 分别对应 xUML 元模型中的构造型、标识值和标识值取值,都是元模型中的基本模型元素。转换后的 Federate 类如图 5-8 所示。

需要说明的是,在这个变换规则中,并没有对类进行联邦式仿真过程中的对象类和交互类区分。因此,在最终形成 FED 文件并使用前还需要二次修正。

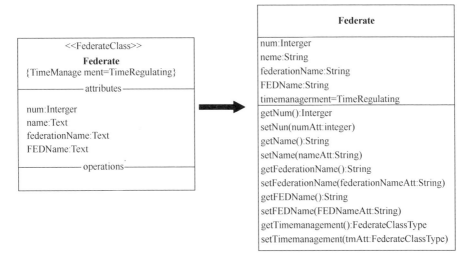

图 5-8　Federate 类的转换

157

第 6 章 主题域模型的集成过程及方法

6.1 RTI 在基于 MDA 的联邦式装备保障建模仿真技术框架中的地位

尽管将 HLA 直接作为转换平台对于 HLA 仿真开发是极大的进步和方便,但是从仿真大系统的开发过程来看,并不是所有的模型都仅限于在 HLA 仿真结构中的使用,对于一些 C^4I 系统模型仍具有很高的利用价值。因此,这样处理并不完全合理。

首先,这样得到的模型是为 HLA 而特别订制的,只适用于 HLA 的仿真;其次,平台相关与 RTI 版本有关,不同的 RTI 就会得到不同的平台相关模型;最后,尽管真正的 MDA 开发过程使得开发者仅进行平台无关模型的开发,而其他的工作都将由开发软件统一完成,然而,目前的开发状况完全无法达到这种程度,从而采用这种思想进行模型转换,要求模型开发人员必须熟悉 HLA/RTI 相关软件的工作机理,限制颇多。这样将降低仿真模型的重用范围。

因此,基于 MDA 的联邦式装备保障建模仿真技术框架将 RTI 作为 MDA 开发过程中的一个服务域来看待。这样,仿真应用域模型建模时只需讨论应用领域业务功能的相关知识,而无须涉及任何 RTI 特点。这样做减轻了建模人员的知识需求量并降低了工作难度。

6.2 模型集成方法分析

将 RTI 作为仿真服务域来看待,在很大程度上降低了主题域之间的耦合性,但同时也为主题域之间的通信互联带来了困难。为了顺利地完成基于 MDA 的应用系统开发,必须采用一种行之有效的方式解决这个问题,从而真正地发挥 MDA 的优势。笔者认为,通过对主题域之间的模型进行合理的整合集成可以实现这一需求。

6.2.1 模型集成的基本方式

模型集成方式是指决定如何把仿真模型集成在一起的特性和机制。根据模型集成点不同,可以抽象出三种基本的模型集成方式,即表示集成、数据集成和功能集成。

1. 表示集成

表示集成是模型集成的最简单方式。这种方式一般用于用户界面的集成。典型情况下,集成的结果是形成一个新的、统一的用户界面,其中的每个操作都直接被映射到集成后的模型。新的用户界面看似一个模型程序,但实际上调用了若干个模型,其思想是把模型界面作为集成点来指导用户进行互动操作,并在用户操作时与相应的模型之间进行通信,然后再把不同模型产生的结果综合起来。表示集成在许多可视化的面向对象编程软件中经常用到。

表示集成只有在使用用户界面或仿真模型的表示界面能完成集成的情况下有用,其优点是集成易于实现、代价小。表示逻辑模块通常比数据和功能逻辑模块更为简单,这由其内部结构可见,因此可以相对较快地实现模型的集成。另外,现有的一些集成工具可完成创建集成所需的大部分工作,集成者只需致力于新的表示界面的构造即可。

表示集成的缺点:表示集成在用户界面层上进行,只有在模型的界面上定义的数据和操作才有效。另外,表示集成可能会成为集成后模型系统性能的瓶颈。因此,表示集成发生在表示界面层而不是模型程序或数据的互联中,只是额外增加的一层外壳,是不彻底的集成。

2. 数据集成

数据集成方式跳过显示界面与仿真逻辑模块,直接进入模型的数据结构或数据库来创建新的集成。集成后的模型系统只需访问原模型所用的文件或数据库,通过中间件可以访问数据库信息,并实现模型集成。这些中间件有批量文件传输,以特有的或是预定的方式在集成模型系统与模型间传输文件。开放式数据库连接(open database connectivity,ODBC)是一种标准的应用编程接口,专门用来负责访问不同类型但相互关联的数据库。这种接口是第一种被广泛认同的标准。该标准所定义的接口可与支持接口的数据库进行集成。

数据集成比表示集成更加灵活,集成系统能够根据作战仿真的需要,允许用户访问模型的全部或者部分数据,同时简化了访问数据库的过程,加快模型的集成速度。

数据集成与集成系统、集成模型之间的数据需求密切联系,如果数据需求发生改变,那么集成就会被破坏。因此,数据集成对数据变化非常敏感,数据变化必然导致集成系统变化,为了维护模型集成,技术人员需要做大量的工作。

3. 功能集成

模拟逻辑是为了实现模型(模型系统)所需的功能而编写的代码,其中不仅包括数据操作与解释规则,也包括模拟流程。模拟逻辑是实验模型的核心和功能体现。

功能集成是在模拟逻辑层上完成的集成,要求集成点存在于模型(模型系统)的程序代码之内。为了集成,集成处可能只需使用公开的 API 就可以访问,也可能需要修改模型代码或用附加代码段来创建新的访问点。

仿真任务越复杂,仿真系统的规模就越大,需要集成的模型也就越多。随着计算机网络技术和仿真技术的有机结合,分布交互式仿真已成为作战仿真的发展趋势,从而满足更为复杂的仿真实验需要。为了使仿真所用的模型集成在一起,使用分布式处理中间件是实现模型功能集成的首选方法。分布式处理中间件主要有以下几个。

① 面向消息的中间件(message-oriented middleware, MOM)。在模型之间通过消息进行集成,发送方把消息放在 MOM 中,MOM 负责把消息传送到接收方。这类产品有 IBM 的 MQSeries 和 Talarian 的 Smart Sockets 等。

② 分布式对象技术(distributed object technology, DOT)。在中间件中运用对象技术提供接口对象,仿真模型通过网络访问其他仿真模型,必须使用接口对象。这类产品有 OMG 的 CORBA、Microsoft 的 DCOM 和 SUN 的 J2EE 等。

③ 事务处理监控器(transaction processing monitor, TPM)。该技术使用诸如两阶段提交的概念来控制传输,从而为分布式结构所支持,TPM 保持分布式信息源(如数据库、文件和消息队列)的完整性。这类产品有 BEA 公司的 Tuxedo。

功能集成方式集成能力最强,解决问题的方法也最灵活,它也可用来解决表示集成或数据集成的问题。更重要的是,如果使用得当,功能集成方式创建的集成模型比表示集成和数据集成有更高的可重用性。但是,由于在模拟逻辑层进行集成,增加了集成的复杂度,实现起来难度要比前两种大。另外,在某些仿真模型中,由于没有源代码或 API 可供使用,模拟逻辑是难以访问的。

6.2.2 模型集成的基本方法

异构模型集成是近些年来仿真界的难点,也是热点。不同的研究学派与应用领域均提出了自己的集成方法和技术,大致可分为两大类,一类是侧重理论方法探讨的混合异构集成建模方法,另一类则是侧重技术实现的仿真中间件集成技术。

1. 基于混合异构建模方法的集成

具有代表性的混合异构建模方法包括亚利桑那大学 Zeiger 教授的多形式体系建模(multi-formalism modeling, MFM)、佛罗里达大学 Fishwick 教授的多模型建模(multimodel/multimodeling, MM)和加拿大麦克吉尔大学 Vangheluwe 教授的多范式建模(multi-paradigm modeling,MPM)。

1)Zeigler 的多形式体系建模 MFM

MFM 将系统仿真模型分为三类,相应的用三种基本的形式体系描述:离散事件模型,用 DEVS 形式体系描述;离散时间模型,用 DTSS 形式体系描述;连续系统模型,用 DESS 形式体系描述。MFM 认为各种被使用的形式体系均是上述三种基本形式体系的子形式体系(subformalism),如系统动力学和 Bond 图是 DESS 的子形式体系,Petri 网和 Statechart 是 DEVS 的子形式体系。子形式体系的含义就其所描述的模型均可用相应的基本形式体系描述。在此基础上,Zeigler 给出了多形式体系模型的集成方法。

2)Fishwick 的多模型/多建模 MM

MM 探讨的也是多种建模方法共同描述同一系统的问题。多模型最早由 Oren 提出,是指由多个其他模型按照一定拓扑结构组成的模型,多模型一般是层次化的。MM 认为单个模型或单个模型层次仅能回答关于系统的某一部分或某一侧面的问题,大多数现实世界系统模型需要用多模型来描述。多建模是指在多个抽象层次上描述系统的建模过程,多建模需要将模型抽象过程中产生的反映各个抽象视角的相同或不同类型模型集成在一起。本书研究的集成问题的基本思想就是采用了这种方法。多建模的模型集成分为以下两种情况。

(1)同一层次的同构异构模型集成。同层子模型之间的关系主要是数据流关系,对于同构模型,可通过构造一个组件内接口实现模型之间的连接;对于异构模型则需要保证模型接口的兼容性,Zeigler 的耦合闭包可用于实现这一点。

(2)层次之间的同构异构模型集成。层次之间是指一个模型嵌入到另一个模型内部,用于细化接受嵌入的模型的一部分功能,形成父子模型,父子模型可以是相同类型,也可以是不同类型。这种嵌入式集成基于函数组合方法,即将模型看作计算函数,每个模型内部具有一个或多个功能性入口点,每个入口点就是可以嵌入子模型的模型壳,模型壳内可以是各种类型的动力学模型,也可以是简单方法或仅仅是一个返回值。

Fishwick 近年来对多模型的内涵进行了扩展,在之前"多实例、多方法、多层次"基础上添加了"多表现",表示同一模型类型可用多种方式进行表现。由于 XML 将内容与表现相分离,同一内容可多种表现,Fishwick 研究了使用 XML 进行多模型描述的方法,提出了基于 XML 的多模型交换语言(multimodel exchange language,MXL)和动力学交换语言(dynamic exchange language,DXL)两种多模型描述规范,并用于其最新的多建模仿真框架 RUBE 中。

3)Vangheluwe 的多范式建模 MPM

MPM 研究多抽象层次建模、多形式体系建模、元建模三方面问题以及三者之间的关系与集成。系统建模时一般要选择模型的抽象层次以及所采用的建模形式体系。抽象层次的选择根据系统研究的目标以及系统知识的可用程度；形式体系的选择则与要解决的问题类型、模型抽象的层次、可用于校准模型的数据量以及形式体系仿真器的可用程度有关。大型复杂系统建模的特点是子系统众多、存在多个抽象层次、需要多种形式体系联合描述，模型集成必须解决好这几方面问题。

2. 基于仿真中间件的集成

在软件工程领域，异构集成问题的实现模式一般是基于中间件的，这在集成方式的描述中已经有过说明。中间件规定了一个标准化的软件架构规范，支持符合该规范的各种软组件的即插即用，而底层计算平台的异构性以及软组件之间的异构性均被中间件所屏蔽。中间件按照所服务的对象可分为三大层次：基础型中间件（如 Java 虚拟机 JVM、.NET 公共语言运行时刻 CLR、自适应通信环境 ACE）、通用型中间件（如 COM+、EJB、CORBA、Web Service 等）、集成型中间件（如 EAI）。基础型中间件提供最基本的运行支持环境，其服务对象一般是系统级软件；通用型中间件则提供了更多的高级功能，如名字服务、事件服务、通告服务、日志服务等，其服务对象一般是应用级软件；集成型中间件是中间件的高级发展阶段，在通用型中间件产品之上整合了应用和业务流程等因素。

仿真中间件是用来解决仿真领域异构集成问题的一类中间件。这些集成问题包括仿真数据集成、仿真模型集成、仿真系统集成、仿真环境集成、仿真与其他领域系统集成等。在实现上基于基础型中间件或通用型中间件，一般仍属于通用型中间件的范畴（如 DIS、HLA/RTI、XMSF、SEDRIS），个别则可归类到集成型中间件中（如 TENA）。

按照 Vangheluwe 的集成分类方法，基于仿真中间件的异构模型集成属于数据轨迹层的集成思路，即通过适合各模型的仿真器将模型变换为数据轨迹模型，将异构模型之间的耦合关系转换为消息交互并在轨迹层次上处理。尽管基于混合异构建模方法的集成思路在理论上非常具有吸引力，但其操作上的复杂性以及相关变换工具的缺乏使得其目前的应用主要限于研究机构，真正的大范围用于解决实际问题的还相对较少。目前主流的集成方法还是基于仿真中间件的集成方法，其中尤以 HLA/RTI 更为多见。

基于仿真中间件的集成方法可进一步分为三个层次，即直接集成、基于互操作参考模型的集成和基于协同仿真技术的集成。

1）直接集成

直接集成根据应用目标为待集成的各异构模型建立公共的联邦对象模型（FOM），FOM 成为异构模型之间的集成协议，各参与模型必须按照自身在 FOM

中的承诺为其他模型提供服务。各异构模型之间的类型不兼容、语义不匹配等问题必须由集成人员与建模人员共同协调解决。在集成应用较多的情况下,各异构模型需要参与到不同的 FOM 中,需要为不同的 FOM 做出适应性修改,模型重用性不强,集成难度较大。

2) 基于互操作参考模型的集成

直接集成存在问题的一个主要解决方案是通过互操作参考模型。参考模型一般由若干领域专家对领域内存在分歧或不一致的结构、过程、内容等进行权威的规范化描述,通过获得领域内广泛认同来解决问题。仿真互操作标准化组织(SISO)的主要职能之一就是解决仿真领域的互操作问题,互操作参考模型是其解决互操作问题的主要技术途径。早在 HLA 推出后不久,SISO 随即组织了制定参考联邦对象模型(RFOM)的研究工作组,该工作组的一个主要成果是 CF-RFOM 。

CF-RFOM 为广泛使用的交互和对象及其属性制定了标准化的内容规范,以此来提高成员之间的预先互操作性。在建立新联邦时,可在 CF-RFOM 基础上进行功能扩展来设计新 FOM,这样不需要提供或使用扩展功能的成员可以方便地加入到联邦中,从而大大提高了重用性。

另一种模式的互操作参考模型是为某一应用领域设计一个完全意义上的互操作参考对象模型,所有该领域的仿真联邦均从该互操作参考对象模型中抽取需要的 FOM,面向该互操作参考对象模型设计异构模型可无需修改地加入到各个联邦中。平台级作战领域的互操作参考对象模型 RPR-FOM 即是这样的例子。

3) 基于协同仿真技术的集成

协同仿真是指将多个(一般不同的)仿真工具连接起来共同完成单个仿真工具难以完成的系统级仿真。复杂产品设计一般涉及多个学科专业,每个学科专业都有适合专业特点的建模仿真工具,为了进行系统层次的方案评价以及设计优化,通常需要进行多专业多学科的系统级仿真。在各专业都具有自身建模仿真工具的情况下,通过将各个工具互联起来进行协同仿真是比较理想的系统级仿真方法。为此学术界和工业部门均进行了大量的理论研究和应用实践工作,从协同仿真的实现技术途径来看,大致经历了基于接口的协同仿真和基于 HLA 的协同仿真两个阶段。

(1) 基于接口的协同仿真。

接口就是仿真工具在开发时预留的二次编程接口,或者是预先提供与其他仿真工具互连的接口,如 STK、MATLAB/SIMULINK 的二次编程接口、ADAMS 提供的 MATLAB/SIMULINK 和 MATRIXx 接口等。预留二次编程接口的仿真工具集成一般需要协同仿真人员根据仿真应用进行手工编程实现多个仿真工具的集成,在参与的仿真工具较多且不确定的情况下,不仅实现难度较大,而且可扩展性和柔性均比较有限,一般适用于少数几个仿真工具的集成。预先提供与其他仿真工具互连接口的方案也存在类似的可扩展性和柔性问题。

(2) 基于 HLA 的协同仿真。

HLA 是比较成熟的分布式仿真架构标准,在军用和民用领域都得到了广泛的应用。基于 HLA 的协同仿真的基本思路是将 HLA 作为仿真软总线,各个仿真工具通过开发相应的 HLA 接口即可插入到总线上参与协同仿真,各仿真工具之间的协调管理通过 RTI 及统一的协同仿真运行管理器实现。基于 HLA 的协同仿真方法有效地克服了基于接口的协同仿真在可扩展性、柔性等方面存在的不足。

基于 HLA 的协同仿真所要解决的问题实际上也是多个仿真工具的协同仿真问题,只不过它所面向的仿真工具都是面向离散事件系统的,主要适合于产品设计完成后的加工制造过程仿真、企业级供应链仿真等,不适合于产品设计过程中涉及多个学科子系统的系统层设计方案验证与优化的仿真。

此外,CORBA 作为一个比 HLA/RTI 更通用的中间件,可提供比 HLA 更加灵活的集成方式,也常作为仿真中间件来进行异构仿真集成。ISI 公司基于 CORBA 开发了商用的协同仿真平台 pLUG&SIM,在欧洲的汽车和航空航天等复杂产品工业设计部门得到了一定的应用。pLUG&SIM 通过适配器的方式支持多款仿真工具的协同仿真,如 MATRIXx、SABER、Statemate、Simulink、ADAMS 等。

RTI 作为一种系统开发的中间件产品,可以很好地解决局域网络访问的问题,事实上,基于 HLA 的仿真系统与网络通信的集成就是通过 RTI 来完成的,这部分集成属于 RTI 的内部工作原理,这里不再赘述。

6.2.3 桥的定义

为了易于表达和方便理解,书中将用于整合实现集成的模块称为桥。为了更明确地说明桥的概念,首先对以下几个概念进行说明。

主题域是仿真系统开发过程中可重用的主要单元,主题域中的模型是重用的最小元素。一般地,一个定义良好的域都有一个较完整的接口。包括可用服务和所需服务。

① 可用服务:域提供给其他域使用的服务集。

② 所需服务:域要求其他域提供以满足该域需求的服务集。

系统的集成是通过集成一系列相互兼容的域来完成的。为了集成各种域,就需要将一个域的每个所需服务匹配到一个或多个其他域的可用服务。因此，为了实现域的集成，有必要明确各个域的可用服务和所需服务。

1. 所需服务

大部分程序设计语言都具有开发者可以利用的软件库，如 C++标准模板块、Java 中的 Swing 库，通常这些库的使用者从库的代码中直接调用服务。因此，客户直接依赖于库的接口。服务者不知道并且不依赖于客户，但客户知道并依赖于服务者。在需要更换另一种不同的库时，凡是调用了库接口的客户端代码都需要修改。

仿真建模时也会发生同样的问题。客户包可能与提供服务的包接口紧密耦合。这个问题在模型中可能比在代码中更重要，因为在分析模型中更有可能需要选择或改变提供服务的包。

这个问题的一种解决方法是由客户定义它的所需服务接口。客户域只依赖于这个接口，不依赖于提供服务的域。服务提供域不知道并且不依赖于客户，客户也不知道并且不依赖于服务提供域。这被称为匿名耦合。定义所需服务的域只是定义接口，它不负责接口的实现。接口的实现通过桥来完成。

2. 可用服务

每个域都会提供零或多个可用服务。这些服务是域提供给其他域使用的。当然，和前一部分所述的所需服务类似，其他域不直接使用这些服务而是通过桥。可用服务可以是域服务、类服务或是对象服务。

3. 桥

这里将桥定义为一个包含了某个所需接口中的全部桥操作的类。一个桥操作是一个所需服务的实现，这个所需服务需要使用一个或多个域的一个或多个可用服务。桥操作是所需操作的一个实现。桥操作需要执行以下步骤：选择拥有必要的可用操作的服务提供域；将所需服务操作的参数映射成为可用操作的参数；调用可用操作。桥集成的基本原理如图 6-1 所示。

具体到本书中，桥集成的一般原理是：以域 1 作为桥的目标域，根据域 1 的需要，域 2 和域 3 分别提供相关的服务，桥通过整合，参数对应，匹配域 1 的需求，实现集成。在整个桥集成的过程中，有两点需要强调：首先，桥的生成必须是以某个域为目标域，也就是说，这种桥是为目标域的所需服务而生成的；其次，提供可用服务的域可以是一个或者多个，这取决于所需服务的要求。

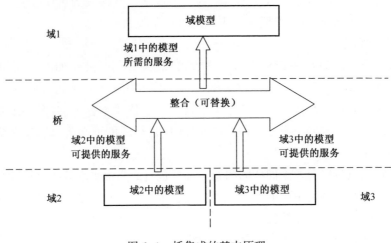

图 6-1 桥集成的基本原理

6.3 HLA 联邦成员关系分析

在基于 MDA 的联邦式装备保障建模仿真系统开发过程中,通过设计桥来实现模型集成的最终目的就是形成所需的联邦成员,并将各个联邦成员组合成为一个联邦,采用 RTI 的运行机制进行仿真。因此,在真正分析设计桥的实现结构之前,首先应当明确为了形成所需的联邦成员,需要模型以何种集成类型进行整合,即需要讨论联邦成员内部模型之间的关系。

在 HLA 应用系统中,联邦可看成由联邦成员之间的一系列二元关系构成的。因此,假设联邦成员的集合可表示为

$$S = \{S_1, S_2, S_3, \cdots\} \tag{6-1}$$

其中,S_i 表示联邦成员,其中 $1 \leq i \leq \text{fednum}$,$\text{fednum}$ 表示联邦中联邦成员的个数。

根据上述公式,联邦可用以下二元组表示,即

$$F = \langle S, S \times S \rangle \tag{6-2}$$

根据联邦成员的构成,从面向对象的角度出发,联邦成员可看成由对象和对象之间的关系构成的。因此,联邦成员 S_i 中的对象集合可表示为

$$O_i = \{O_{i1}, O_{i2}, O_{i3}, \cdots, O_{ij}\} \tag{6-3}$$

其中 O_{ij} 表示构成联邦成员 S_i 的对象,其中 $1 \leq j \leq \text{objnum}$,$\text{objnum}$ 表示联邦成员中对象的个数。由此联邦成员又可以表示为

$$S_i = \langle O_i, O_i \times O_i \rangle \tag{6-4}$$

从对象的层次分析联邦构成,定义联邦中的所有对象为

$$O ::= \cup\, O_i \tag{6-5}$$

联邦成员确定之后,便确定了联邦成员之间的边界。联邦可以看成由对象和对象之间的交互关系组成的。这种交互关系又可以分为两种:一种是联邦成员内部对象之间的交互关系 IR,对象之间的交互不经过邦员边界,在面向对象分析和设计时,这种交互关系是通过类之间的消息机制实现的;另一种是不同联邦成员之间对象的交互关系 FR,这种关系经过邦员边界,是通过 HLA/RTI 实现的。

根据上述分析,定义所有联邦成员内部对象之间的关系为

$$IR ::= \cup\, O_i \times O_i \tag{6-6}$$

定义联邦成员之间的关系为

$$FR ::= \cup_{i \neq j} O_i \times O_j \tag{6-7}$$

联邦的构成可表示为

$$F = \langle O, IR \cup FR \rangle \tag{6-8}$$

图 6-2 中显示了联邦成员对象之间的关系。图中,对象类之间的实线连接表示联邦成员内部对象的关系,在具体实现时,两个相关模型的集成也是通过直接的集成连接实现的。对象类之间的虚线连接表示联邦成员之间模型的关系,与联邦成员内部模型关系不同的是,这些对象的关联集成是通过 RTI 来实现的。

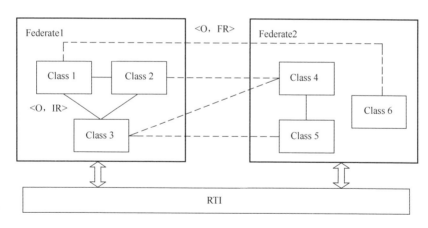

图 6-2　联邦成员对象关系

联邦成员内部对象关系 IR 从对象层次描述了联邦成员内部的逻辑关系,可以称为联邦成员内部业务逻辑模型,这部分的集成,从 MDA 主题域划分的角度来看,主要是仿真业务域内部子域模型的集成问题。联邦成员关系 FR 说明了不同联邦成员中对象之间的关系,在 HLA/RTI 中联邦成员之间的交互关系是通

过 RTI 实现的。因此,对于联邦成员之间的集成问题,就变成了联邦成员与 RTI 之间的集成问题,从 MDA 主题域划分的角度来看,这种集成主要是仿真业务域的模型与 RTI 服务域模型的集成问题。

6.4　主题域模型的集成

6.4.1　仿真业务域内部子域模型的集成

仿真业务域内部子域模型的集成属于同层次模型的集成,这样的桥模型比较简单,属于类操作之间的相互调用,桥相当于对可提供的操作进行二次封装,对需要服务的模型透明,保证了较高的模型无关性。

这里以作战仿真系统中,某实体接受某项命令,并执行命令的活动过程集成为例,分析仿真业务域内部模型的集成原理。图 6-3 显示了这种集成。

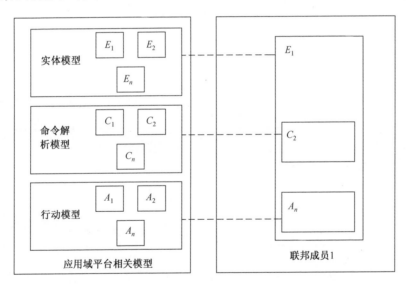

图 6-3　仿真应用域模型的集成

在应用域模型中,可以将模型按照功能细化为不同的子域模型,如图 6-3 中所示的实体模型子域、命令解析模型子域和行动模型子域。E_1, C_2, A_n 分别表示实体模型集合、命令解析模型集合和行动模型集合中的具体模型。对于模型 E_1,其本身在设计时具有解析命令的功能,因此具备命令解析函数,如 CommandParse( ),在集成时,C_2 表示机动命令解析类,E_1 实例化一个 C_2 对象,同时在 CommandParse( )中调用解析函数,以此达到 E_1 与 C_2 的集成目的。同样地,E_1 中包含行动函数,如 Move( ),E_1 实例化了一个机动行动模型 A_n 的对象,Move

( )中调用这个对象中相应的行动函数,又实现了 E_1 与 A_n 的集成。

值得说明的是,尽管数据库管理服务属于服务域,但涉及数据库的读写操作仍属于联邦成员内部对象的交互,集成过程和方法与仿真应用域子域模型的集成相同,这里不再赘述。

6.4.2　仿真业务域模型与 RTI 模型的集成

1. 联邦成员桥集成的基本原理

在传统的联邦开发模式下,一个联邦成员通常就是一个仿真应用程序,而在新模式下的联邦成员可能是多个模块构成的一个仿真应用程序,也可能是由多个应用程序组成,主要分为可变部分和不变部分。与 SOM 信息相关的用户模型随着不同的仿真目的而不同,因为不同的仿真目的需要不同的用户模型参与联邦成员仿真活动过程。在参与之前,这些模型都是独立存在的模块,相互没有直接的关联关系,只有在未来完成某一仿真目的情况下才需要组合在一起,这就必然要求模型不能硬编码在某一特定的联邦成员中。联邦成员的不变部分通过集成技术被封装。把实现仿真业务域模型与 RTI 服务域模型集成的桥称为联邦成员桥。联邦成员桥作为用户模型与 RTI 模型之间通信的桥梁,不同联邦成员的用户模型之间的数据通信必须通过由联邦成员桥协调完成。联邦成员桥使用户模型代码与 RTI 的接口服务相隔离,屏蔽了用户模型与 RTI 以及用户模型各自的实现细节,可以各自升级而不互相影响。

图 6-4 显示了联邦成员开发的新旧模式变更。

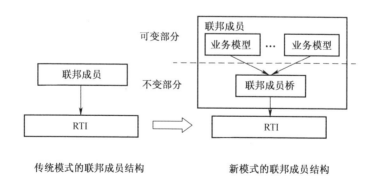

图 6-4　新旧模式下的联邦成员结构

图 6-5 中进一步说明了仿真业务域模型与 RTI 服务域模型集成的基本原理。也就是说,通过这种桥将应用域的所需服务转化成服务域的可用服务,最后直接调用服务域的服务,实现集成,完成仿真系统功能。

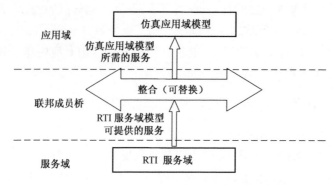

图 6-5　联邦成员桥集成基本原理

2. 联邦成员桥的内部结构

　　联邦成员桥的内部结构如图 6-6 所示,桥的内部结构主要分成四个模块,包括整合管理模块、应用模型管理模块、RTI 服务管理模块和仿真处理过程管理模块。其中以整合管理模块为核心,仿真应用域模型必须通过整合管理模块创建唯一的成员实例,实现与 RTI 之间的通信。同时,整合管理模块协调其他的三个模块之间的逻辑以及与外部环境的通信。联邦成员桥中的各个模块的变化不会也不能够影响到外部业务模型,只有这样才能确保联邦成员桥的重用性和内部模块的独立性。

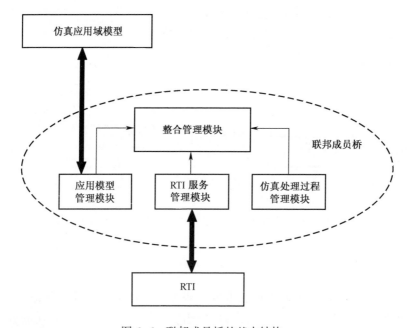

图 6-6　联邦成员桥的基本结构

应用模型管理模块实现对参与仿真的实体模型进行统一的管理,综合形成仿真对象模型所需的公布预定信息,以及对业务模型加入/退出联邦成员仿真等的管理。

RTI 服务管理模块封装所有的 RTI 接口服务,负责实现与 RTI 之间的互操作(如调用 RTI 的服务函数和监听 RTI 产生的回调消息等)。

仿真处理过程管理模块负责实现整个仿真过程的调用,并协调参与仿真的实体模型的模型处理过程和整个成员的仿真主过程的同步关系,完成所需的仿真功能。

3. 整合管理模块的实现原理

如前面所描述的,整合管理模块的首要任务是为集成后形成的联邦成员创建唯一的成员实例,实现与 RTI 之间的通信。由于在 PIM 设计时已经设计了一个 Federate 类,并讨论了该类的平台无关模型向平台相关模型的转换过程。因此,整合管理模块在实现所需功能时,只需对 Federate 类进行处理。这里对 Federate 类进行继承,生成 Federate 类的子类 subFederate 类。一方面,该类从 Federate 类继承了属性分别能够表明联邦成员名称、联邦成员的时间管理方式、联邦执行名称以及 FED 文件名称,开发人员通过相应参数可以获得联邦成员属性或者给联邦成员的相应特征属性赋值,其中联邦成员名称唯一标识了同一联邦执行中的某个联邦成员;另一方面,subFederate 类作为与 RTI 服务管理模块结合的接口,提供了包括联邦管理、对象管理、时间管理在内的所有接口函数,sub-Federate 类中的这种接口函数通过调用 RTI 服务管理模块相应类中的服务函数实现功能。这一实现原理如图 6-7 所示。

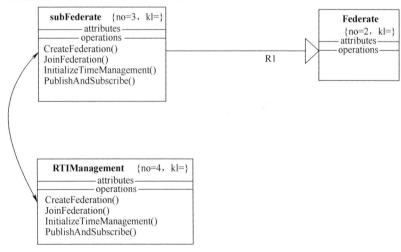

图 6-7　整合模块集成原理

4. 应用模型管理模块的实现原理

应用模型管理模块主要作用就是为每个联邦成员区分各自所要公布预定的对象类和交互类。因此,在实现这个模块的功能之前,业务领域专家和仿真专家首先需要共同讨论整个仿真系统内外部交互的对象类和交互类,进而实现 FED 文件的集成。

1) FED 文件的集成

首先需要说明的是,这一集成工作不是应用模型管理模块功能的一部分,而是应用模型管理模块工作的前提。通过 FED 文件能够明确应用模型中类的所属范围。即该类是联邦成员内部逻辑运行的类、是参与联邦运行的对象类还是参与联邦运行的交互类。在应用模型管理模块中集成的 FED 文件名称,通过与整合模块的关联,保存在 subFederate 类的 FedName 属性中。

对于 FED 文件的集成,应当在 HLA 仿真专家的指导下,依据联邦所有业务模型的全集再对照仿真联邦成员的配置关系,通过区分邦员内部交互与联邦交互而生成。由于生成的 FED 文件片段是所有类及其子类的文档片段,因此,首先根据仿真实际需要,划分出用于外部交互的类和内部交互的类。只有用于外部交互的类才是 FED 文件中包括的类。其次,将用于外部交互的各个平台相关模型划分为对象类和交互类。根据划分的不同,将属于对象类的 FED 文件片段整合在一起,将 FED 文件片段中的 Attrstring 进行修改,由 attributeorparameter 变为 attribute,同时在属性名称后,添加传输方式。将属于交互类的 FED 文件片段整合在一起,并在类名后添加交互类的传输方式。同时,将 FED 文件片段中的 Attrstring 进行修改,由 attributeorparameter 变为 parameter。

在对 FED 文件的集成过程中,可以获得联邦运行过程中全部的对象类和交互类。

2) 联邦成员对象类和交互类的公布预定

这部分的工作是应用模型管理模块的主要工作。这里依据已生成的 FED 文件,将该联邦成员所能公布的和所要预定的对象类交互类名称进行保存,而后在 RTI 服务管理模块中对这些类进行初始化和公布预定处理,从而完成对对象类和交互类的公布预定。公布预定过程的具体实现算法在 RTI 服务管理模块中予以说明。

5. RTI 服务管理模块的实现原理

RTI 服务管理模块主要包括一个 RTIManagement 类,负责封装 RTI 的联邦管理、时间管理、声明管理、对象管理、所有权管理和数据分发管理中 RTIAmbassador 的功能;同时还包括一个 FederateManagement 类,负责实现 FederateAmbassador 的功能。由于回调函数均为虚函数,需要依据开发需求作进一步的完善,且在集成过程中与 RTIManagement 类相似，因此，在这里选取 RTIManagement 类有关联邦管理、时间管理和声明管理中的几个重要的功能进行说明。

```
CreateFederation(String Federationname,String Fedname)
```

CreateFederation( )函数封装了 RTIAmbassador 的关于创建联邦的函数，算法如下：

```
Public voidCreateFederation(String Federationname,String Fedname)
{
try{
    _rtiAmbassador.createFederationExecution(Federationname, Fed-
name);
        }
catch(FederationExecutionAlreadyExists ignored)
{}
}
```

这里需要结合整合模块的结构，说明整合模块中 CreateFederation( )与 RTI 服务管理模块中 CreateFederation( )的集成，算法的类代码如下：

```
...
subFederate 类中的函数
Public void CreateFederation(String Federationname)
{
Private RTIManagement _rti;
//FedName 是 subFederate 类的一个属性，表示 FED 文件的全路径名称
_rti. CreateFederation( Federationname, FedName);
}
...
```

由于这种集成方式在整个整合模块与 RTI 服务管理模块的协调集成中是相似的。因此，在后续接口类的描述后，本书中不再重复描述。

（1）InitializeTimeManagement(String timemanagement)。

InitializeTimeManagement( )对联邦成员的时间管理方式进行了封装。在整合模块中，subFederate 类提供了 timemanagement 属性，RTIManagement 类的 InitializeTimeManagement( )函数调用该值，通过判断设定联邦成员的时间管理方式。同时，subFederate 类也提供了联邦成员的时间前瞻量。算法的类代码如下：

```
Public voidInitializeTimeManagement(String timemanagement)
{
If(timemanagement .equals("TimeRegulating "))
{
try{
```

```
        …
//theFederateTime 为联邦成员为时间控制状态时的最小逻辑时间
//theLookahead 为联邦成员的时间前瞻量
        _rtiAmbassador.enableTimeRegulation(theFederateTime, the-
Lookahead);
        …
    }

    catch(RTIexception e)

    {

    }
    }
…
    }
```

（2）InitObjandInt( )。

InitObjandInt( )函数封装了对对象类、对象类属性、交互类、交互类参数句柄的获取和本地保存过程。算法的类代码如下：

```
Public voidInitObjandInt()

{

    try{
        …
```

//获取对象类句柄,字符串 str 保存了由应用管理模块提供的联邦成员需要公布或预定的某个对象类的名称

```
maintainGroupId = _rtiAmbassador.getInteractionClassHandle(str);
```

//获取对象类属性句柄

```
personnumId = _rtiAmbassador.getParameterHandle("personnum", main-
tainGroupId);
        …
    }
    catch(RTIexception e)

    {

    }
    }
```

（3）PublishAndSubscribe( )。

PublishAndSubscribe( )封装了对对象类、交互类的公布和预订。算法类代码如下：

```
Public void PublishAndSubscribe()

    {
```

```
AttributeHandleSetFactory _ahFactory =RTI.attributeHandleSetFactory();
AttributeHandleSet _participantAttributes = _ahFactory.create();
//在_participantAttributes 中保存属性集
_participantAttributes.add(personnumId);
...
_rtiAmbassador.subscribeObjectClassAttributes (maintainGroupId, _
participantAttributes);
_rtiAmbassador.publishObjectClass(maintainGroupId,_ participant-
Attributes);
}
```

6. 仿真处理过程管理模块的实现原理

本书前面已经描述了仿真处理过程管理模块的功能,即实现整个仿真过程的调用,并协调参与仿真的实体模型的模型处理过程和整个成员的仿真主过程的同步关系,完成所需的仿真功能。

从程序开发的角度来讲,在整个仿真的过程中,除主进程外,还包括多个子线程用于处理不同的功能。因此,在分析这部分模块的实现原理时,首先分析HLA/RTI 运行过程中进程、线程的关系。

1) HLA/RTI 运行过程中的线程

这里以某作战仿真系统中的红方炮兵阵地联邦成员为例,详细分析系统的线程结构以及 RTI 的调用和回调关系。

红炮兵阵地联邦成员的线程结构如图 6-8 所示。主线程在联邦成员开始

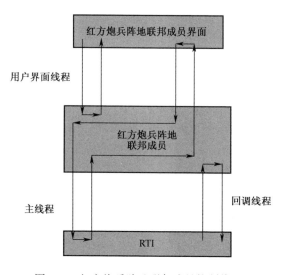

图 6-8 红方炮兵阵地联邦成员控制线程

175

运行时启动。用户界面线程由 Swing 代码启动并响应用户的输入。每次 RTI 回调联邦成员时回调线程启动。联邦设计假设用户界面线程和回调线程都不止一个。

对于多线程的联邦成员,其内部运行需要注意两点。首先必须保证多线程使用的数据结构是同步的,以使它们的状态保持一致。在 RedArtillery 对象中需要同步的数据结构是实体状态表_positionTable 和回调队列_callbackQueue,前者被用户界面线程和主线程访问,后者被主线程和回调线程访问。其次,要保证线程间行为的协调。尤其是主线程和回调线程的协调,主线程常常需要等待 RTI 回调联邦成员,其中的 barrier 类和 queue 类用于协调主线程和回调线程。

RedArtillery 中的_positionTable 和_callbackQueue 经常有多个线程同时访问。_positionTable 存储的数据用于在用户界面的列表中显示红方炮兵阵地状态信息,因此用户界面线程要对其进行访问;而主线程需要对_ positionTable 的数据进行更新,因此也要对其进行访问。这里对_positionTable 中的所有方法都使用了 Java 标识符 synchronized,以确保同时只能有一个方法调用一个实例,从而保证了_positionTable 内部数据的一致性。对于_callbackQueue 而言,它保存了一个回调队列,每次来自于 RTI 的回调线程都要向_callbackQueue 中加入 Red-Position. Callback 实例,同时,联邦成员的主线程从_callbackQueue 中取出相应的实例进行处理。

主线程必须要与其他线程相协调,尤其是来自 RTI 的回调线程相协调,barrier 和 queue 用来实现这些协调。barrier 和 queue 通过使用 Java 的 wait( )方法让主线程休眠,直到满足某个条件为止。barrier 和 queue 以一种线程安全的形式封装了条件并存储该条件相关的数据。

下面是主线程开始阶段使用阻塞实例的例子。主线程的代码在 RedArtillery 实例的 mainThread( )中。主线程先获取配置数据,确保联邦执行已经创建,然后加入联邦,通过使用_rti. enableTimeConstrained( )调用 EnableTimeConstrained 服务设置为时间受限。之后主线程等待 RTI 使用 TimeConstrainedEnabled+回调,该服务通过 RTI 对 FedAmb 中的方法 timeConstrainedEnabled( )的调用来实现。主线程等待时,它可以不断循环等待一个变量状态的变化,该变量的值在回调线程中设置,但是这种方法浪费了计算机资源。所以,在 RedArtillery 实例中,主线程在调用 EnableTimeConstrained( )之前创建了一个阻塞实例,并且该实例在 FedAmb 中进行设置。主线程通过执行 barrier. wait( )进入休眠状态,直到回调线程改变阻塞实例的状态,从而唤醒主线程。主线程在使用任何 RTI 服务之后,都可以使用阻塞实例来等待相应回调的到来。

_callbackQueue 允许主线程一次处理一个回调函数,并且同时协调主线程和回调线程。当红方炮兵阵地联邦成员处于时间推进状态时,将受到 RTI 若干个不同的回调函数对它的调用,这些回调函数的调用会对这个联邦成员所仿真的炮兵阵地行为产生影响。随着红方炮兵阵地状态的推进,主线程必须对回调函数逐一处理。_callbackQueue 是一个回调函数队列,各个回调线程能向其中加入回调函数以留待稍后处理,这些回调函数在进入队列时都设定了相应的顺序。_callbackQueue 按以下方式协调主线程和回调线程;它的 dequeue( )方法使主线程进入等待状态,直到取出一个 RedArtillery. Callback 实例。

　　使用队列机制的另一个结果是,在 RTI 回调线程中对于其产生的回调不需要做大量的处理。特别是,RTI 自己的线程不会再调用 RTI 提供的服务,这样就不需要 RTI 软件处理这种情况。

　　与线程相关的另一个问题是用于创建用户界面的 Swing 不是线程安全的。如果用户界面线程以外的线程访问它,Swing 的行为将变得不确定。主线程需要向文本显示区输出信息,这个功能是由 viewFrame. post( )实现的,它不是直接向文本显示区输出文字信息,而是创建一个对象,再由用户界面线程使用该对象来向文本显示区输出信息。

　　2) 仿真过程管理模块的仿真主线程设计

　　由上述分析可以知道,主线程在整个仿真过程中的作用至关重要。本书设计了仿真主线程的基本结构,通过主线程统一了联邦成员和联邦成员内部模型的运行一致性。仿真主线程的算法类代码片段如下:

```
    …
//首先注册对象类
  _rti.RegisterObject();

    //以下循环加入仿真过程
    //1) 计算时戳值
    //2) 计算对象实体的当前状态
    //3) 产生仿真事件
    //4) 时间推进
    //5) 重复上述过程,直至满足仿真结束条件
_rti.m_list =new EMSInterfaceEntityList();
while(true)
{
//循环处理仿真实体的行为
  for (int i =0;i<Fed.m_list->GetCount();i++)
  {
        EMSEntity cc =_rti.m_list.GetAt(i);
```

177

```
     if(cc.m_ClassName == " EMSEntityMove ")
         {
             EMSEntityMove b = (EMSEntityMove) cc;
             b.Execute(c_realinsimu,SIMU_STEP);
         }
         ...
     }
     //仿真时间推进,AdvanceTimeRequest 中包含阻塞线程 barrier,并调用
barrier.wait();
     _rti.AdvanceTimeRequest(_rti.m_NextTime);

     }
```

在算法中,标出了对仿真实体动作执行的代码位置,通过将仿真实体的运行加入到仿真时间推进的主进程这部分中,就能保证仿真模型按照时间的推进来进行状态的更新,进而保证仿真运行过程中各个业务模型的时间。

第7章 基于 MDA 的联邦式装备保障仿真系统开发

装备保障指挥训练仿真平台包括装备保障指挥系统和装备保障仿真系统。装备保障指挥系统可按指挥所灵活设置,如基本指挥所和前进指挥所,各指挥所设一个战勤席位和若干个专业工作席位。装备保障仿真系统由九个部分构成,包括总控、保障行动仿真、战场环境仿真、红方作战仿真、蓝方作战仿真、预案/想定生成、综合态势显示、保障支援与协同以及数据库服务器。

7.1 联邦式装备保障仿真系统平台无关模型的建立

7.1.1 装备保障仿真实体的确定原则

实际作战系统包含着各种各样、千差万别的实体,大到一支作战部队(如集团军、舰队、飞行大队),小到一个士兵、一种装备、一种弹药乃至一种零部件。作战仿真模型不可能像实际作战系统那样,由千千万万个活生生的士兵和装备构成。而应该在一定的聚合级上有选择地构造若干实体信息模型,以实现特定的仿真应用。下面给出选取实体时应考虑的问题和遵循的原则。

(1)实体分辨率适度原则。实体分辨率是指模型所描述的实体粒度。实体分辨率越高,仿真模型对作战单位描述越详细。然而,为了特定的仿真目的,并非分辨率越高效果越好。这是因为模型与实际的误差是必然存在的,当粗粒度的实体描述满足要求时,如果描述过细,则会产生积累误差,甚至冲淡主题,同时可能带来其他副作用,如占用大量的内存空间、计算量和通信量增加、时间延迟等。在平台级作战仿真中,实体的选择较为容易,一般都以单个武器系统平台为实体进行描述,如坦克营战术仿真模型,由许多单个坦克信息模型构成。在聚合级作战仿真中,需要在某一或某几个级别上确定作战实体。例如,在指挥训练仿真系统中,首先要确定训练哪些指挥员,其次则必须明确这些受训指挥员指挥的作战实体在模型中已经予以描述。

(2)有状态向量原则。在决定模型中是否应包含某一实体时,应判定模型是否需要记录这个实体的某种信息,这些信息可能是仿真过程中所必需的中间数据,也可能是最终评价仿真应用的数据来源。如果回答是否定的,则该实体肯定不需要考虑。如果回答是肯定的,则该实体应予以保留,待后续的分析和优化后决定对它的取舍。假如某个实体只有一个或两个状态需要记忆,则该实体很可能应以状态变量的形式归为一个更大的实体。例如,在模型中如果只关心"士兵"(可能的实体)的人数,那么该信息可在"作战部队"实体中的士兵人数状态变量中描述。

(3)有交互行为原则。在决定模型中是否应包含某一实体时,应判定模型是否需要描述这个实体与其他实体的交互信息,这些信息可能导致其他实体状态或行为的变化。如果回答是否定的,则该实体肯定不需要考虑。如果回答是肯定的,则该实体应予以保留,待后续的分析和优化后决定对它的取舍。

(4)公共状态向量。实体是同一类事物的抽象,因此这类事物应具有相同的状态向量。如果其中某个或某些事物(实例)的状态向量与其他实例的状态向量不完全相同,则该实体可能需要通过分类结构进一步分化为两个或多个实体。如作战保障分队可能需要进一步分化为工程保障分队、装备保障分队、后勤保障分队,而装备保障分队又可能分为弹药保障分队和维修保障分队。

(5)公共交互行为。实体是对同一类事物的抽象,也表明它们具有相似的行为特征。如果其中某个或某些事物(实例)的行为与其他实例的行为不完全相同,则该实体可能需要通过分类结构进一步分化为两个或多个实体。

7.1.2 想定描述

这里以保障行动仿真、红方作战仿真、蓝方作战仿真三个邦员之间的一个简单想定过程为例,研究基于 MDA 的联邦式装备保障建模仿真技术的应用过程。其他邦员、实体模型的开发可以参照此过程进行。

1. 装备保障仿真过程想定描述

本书选取了一个简单的想定过程,并对想定过程涉及的实体进行了 PIM 建模。想定描述如下:在红蓝对抗过程中,红军炮兵营以火力支持红军地面部队作战,蓝军则企图以各种火力摧毁红军炮兵阵地。由于受到火力的攻击,红军炮兵营不断提出保障需求。此时,红军装备保障分队需要采取相应的保障手段,以保障红军炮兵营保持最大的作战能力。

2. 剧情分析

根据想定设计,仿真系统的 PIM 中必须表达的主要实体有以下几个。

(1)蓝军作战力量,它的主要行为是探测红军炮兵营位置,并对红军炮兵营进行火力打击。打击方式包括航空火力打击、地面炮兵火力打击。

(2)红军炮兵营,它的主要行为包括组织现有火力对蓝军进行火力打击,支援红军进行地面作战;请求修理分队支援。

(3) 战场抢修队,它是装备保障分队,主要负责组织战场修理人员和装备对战损装备进行修理。主要行为有:接收红军炮兵营提出的保障请求,对战场维修组和器材保障组下达保障命令;接收维修组支援请求,并作出相应的处理。

(4) 战场维修组,它是装备保障分队的基层单位,在战场抢修队的指挥下完成战场抢修任务。主要行为有:接收战场抢险队的命令,按照命令要求完成火炮的修理任务,请求上级支援及随炮兵分队机动。

(5) 器材供应组,它也是装备保障分队的基层单位,主要承担在战场抢修队的指挥下完成装备保障器材的供给、支援战场维修组的行动。

按照上述分析,想定剧情的编制如表 7-1 所列。

表 7-1　想定编制表

单　位	编　制	装　备
红军炮兵营		24 门火炮
战场抢修队	战场维修组(2 个) 器材供应组(1 个)	
战场维修组	12 人	维修工程车(1 辆)及相关器材
器材供应组	12 人	运输车(1 辆)及相关器材

7.1.3　模型平台无关模型的建立

想定中平台无关模型实体及各实体之间的关系共包括九个类,即战场抢修队类 SupportTeam、保障组类 SupportGroup(该类是维修组类、弹药器材供应组类的抽象父类)、维修组类 Maintaingroup、弹药器材供应组类 EquipProvideGroup、工程车类 EngineerVehicle、运输车类 TransportVehicle、红方炮兵营类 RedArtillery、火炮类 ArtilleryPiece 和蓝方作战力量类 Enemy,如图 7-1 所示。其中,战场抢修队类、保障组类、维修组类、弹药器材供应组类、工程车类、运输车类属于保障行动仿真邦员的内部实体模型、红方炮兵营类和火炮类属于红方作战仿真邦员的内部实体模型、蓝方作战力量类属于蓝方作战仿真邦员的内部实体模型。

SupportTeam 类包括两个操作,即 Dispatch( )和 Recall( ),这两个操作均以 SupportGroup 类或其子类为输入参数,表示战场抢修队对维修组或弹药器材供应组的派出和召回。也就是说,此处将装备机关的指挥职能放在 SupportTeam 类中处理,当红方炮兵营提出保障请求时,战场抢修队根据请求类别对保障组下达派出命令。

MaintainGroup 类的主要属性包括以下内容。

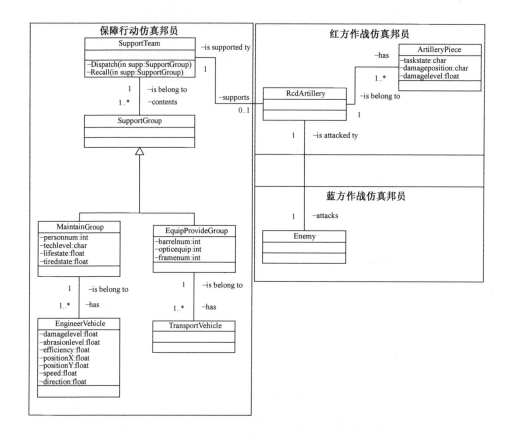

图 7-1 想定实体类图

① 人员数量 personnum，类型为 int。

② 技术水平 techlevel，为 char，分为高、中、低三个等级。

③ 生命状态 lifestate，类型为 float，取值在[0,1]。

④ 疲劳程度 tiredstate，类型为 float，取值在[0,1]。

EquipProvideGroup 类的主要属性包括以下内容。

① 携带炮管数 barrelnum，类型为 int。

② 携带光学部件数 opticequip，类型为 int。

③ 携带炮架数 framenum，类型为 int。

EngineerVehicle 类的主要属性包括以下内容。

① 毁伤程度 damagelevel，类型为 float，取值在[0,1]。

② 磨损程度 abrasionlevel，类型为 float，取值在[0,1]。

③ 维修工程车效率 efficiency，类型为 float，取值在 $[0,1]$。

④ X 方向位置 positionX，类型为 float。

⑤ Y 方向位置 positionY，类型为 float。

⑥ 速率 speed，类型为 float。

⑦ 速度方向 direction，类型为 float。

ArtilleryPiece 类的主要属性包括以下内容。

① 任务状态 taskstate，类型为 char，包括射击、机动、空闲、损坏和修理五种情况。

② 损坏部件 damageposition，类型为 char，包括炮管、光学器件和炮架三种。

③ 损坏程度 damagelevel，类型为 float，取值在 $[0,1]$。

同时，针对想定需求，仿真过程中需要进行指挥命令的解析以及机动、炮击、维修、装卸载等作战、保障活动。尽管这些活动的执行和触发都是在实体模型处于某一状态时发生的行为，但是这些行为往往不是某个模型所特有的，比如红蓝双方的炮兵营都具有炮击行为，红蓝双方作战实体、红方保障实体（维修组或弹药器材供应组）都具有机动行为等。这样，在模型设计时，依据对应用域模型子域的划分思想，可以将命令解析、行动等单独提取出来，形成新的子域，建立相应模型，以便于更广泛的重用。命令解析模型和行动模型的类图如图 7-2 和图 7-3 所示。

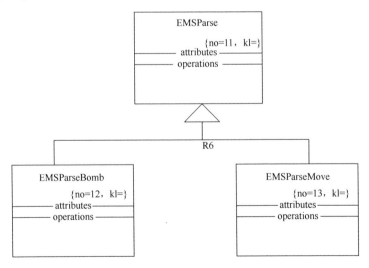

图 7-2　命令解析模型的类图

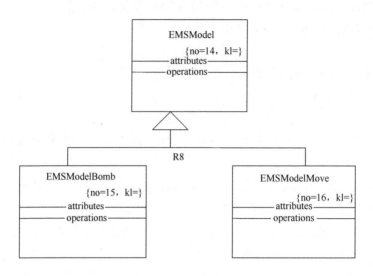

图 7-3　行动模型类图

7.2　模型的转换

PIM 向 PSM 转换主要包括 xUML 模型向面向对象语言平台的转换、xUML 模型向关系数据库模型的转换以及 xUML 模型向 FED 文件片段的转换。

装备保障仿真系统的开发采用 Pitch 公司的 pRTI 软件。pRTI 是瑞典 Pitch 公司根据高层体系结构 1.3 版为基础开发的商业软件,目前该软件根据 IEEE 1516 进行了升级改造,因此 pRTI 有两个版本,即 pRTI1.3 和 pRTI1516,并且都通过了美国国防部的商业性测试。我们的开发采用 pRTI1.3 版本且采用 Java 开发语言。对于数据的存储和管理系统采用 Oracle 9i 数据库管理系统。下面针对这两种平台,对实体模型的转换进行详细分析。

7.2.1　面向对象语言平台转换

以火炮类为例。首先对每个公有属性进行属性转换。比如公有属性工作状态 taskstate,在 PSM 中将公有变为私有,同时增加读写函数 gettasktaskstate() 和 settasktaskstate()。接着进行关联关系的转换。火炮类与红方炮兵营产生关联。对这种关联关系的转换使用隐式实现模式,即在火炮类中直接加入关联属性 redAritillery。最后按照类的转换规则进行转换。经上述规则变换后得到的类图如图 7-4 所示。

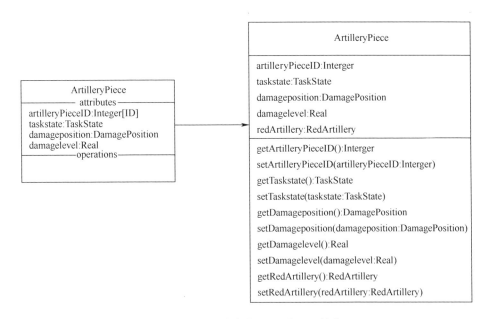

图 7-4 火炮类的 PIM 到 PSM 转换

7.2.2 关系数据库的模型转换

这里以工程车类 EngineerVehicle 的 PIM 到关系数据库转换为例,描述 xUML 表示的 PIM 模型向 SQL 关系数据库平台转换的过程。

EngineerVehicle 类属性的数据类型包括 Integer 和 Real 型。转换时,按照规则描述的映射关系:INTEGER<~>NUMBER(6)、REAL <~>NUMBER(6,4),直接将 Integer 型表示为 6 位的 Number 型,Real 型表示为整数部分 6 位、小数部分 4 位的 Number 型。这里转换没有设定参数,即所有的整型或实数类型都直接转换为默认的位数和精度。

对于 EngineerVehicle 中的属性向列的转换,由于各个属性均为基本数据类型,就可以直接建立关系数据库表,表名为 EngineerVehicle。同时,将各属性直接映射为表中的列。

EngineerVehicle 类到 EngineerVehicle 表的转换图如图 7-5 所示。

7.2.3 FED 文件片段的转换

根据图 7-1 所示的实体模型关系图,保障组类 SupportGroup、维修组类 MaintainGroup、弹药器材供应组类 EquipProvideGroup 之间具有泛化关系,根据变换规则,可以生成以下 FED 文件片段:

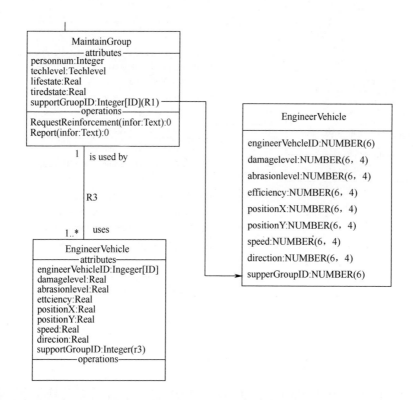

图 7-5 EngineerVehicle 类的转换图

```
(class SupportGroup
        (attributeorparameter supportGroupID)
        (attributeorparameter supportTeamID)
class Maintaingroup
(
(attributeorparameter personnum)
    (attributeorparameter techlevel)
(attributeorparameter lifestate)
    (attributeorparameter tiredstate)
)
class EquipProvideGroup
(
(attributeorparameter barrelnum)
    (attributeorparameter opticequip)
(attributeorparameter framenum)
```

)

)

这种文件片段并没有区分该类是联邦成员内部运行所需还是用于 HLA 仿真运行的对象类、交互类,并不能对 FED 文件片段进行简单组合即用于仿真初始化。在 FED 文件正式使用前,须进行二次整合修改。

7.3　模　型　集　成

7.3.1　联邦成员的集成

形成 PSM 后,PSM 可以先进行集成然后再转换成代码,也可进行代码的转换再集成代码最终形成可运行的系统。本书在仿真系统开发时,采用了后一种方法。值得说明的是,处于不同阶段的模型虽然形式有所不同,但集成方法和原理可以是相同的。

1. 业务模型集成

在作战仿真,特别是大规模的作战仿真过程中,机动能力几乎是所有的作战实体都具有的特征。一般地,作战实体的机动过程如图 7-6 所示。首先,上级指挥实体向下级作战实体下达机动命令,实体获得命令后准备机动;然后,通过解析命令参数,获得如行进路线、目标位置等机动参数;之后,查询地理信息、判断路况,如果在首选道路上发现无法排除的障碍,则判断是否有备选路线:有则选择新路线;没有则上报情况,原地待命。如果未发现障碍,则根据地况信息,确定机动速度,开始机动。按照仿真的方式,机动一般判断是否到达目的地,是则停止;否则重新获得地理信息,进行新一轮的判断。最终执行完成命令。

实体模型是所有命令的接收点和行动的执行点。首先,实体模型接收上级实体模型发出的机动命令;机动命令解析模型读取机动参数并在内存保存,供机动行动模型采用;之后,机动行动模型根据相应的运动规则进行机动,完成机动命令。

这里就以弹药器材供应组模型、机动命令解析模型和机动行为模型的集成为例,说明这种业务模型的集成问题。这种集成算法的代码片段如下。其中,EquipProvideGroup 表示弹药器材供应组模型,EMSParseMove 表示机动命令解析类,EMSModelMove 表示机动行动类。

```
//定义机动命令表示变量
Public EMSInterfaceCommand outCommand;
//接收命令 ,newCommand 为新接收的命令
Public  EMSInterfaceCommand CommandParse(newCommand)
```

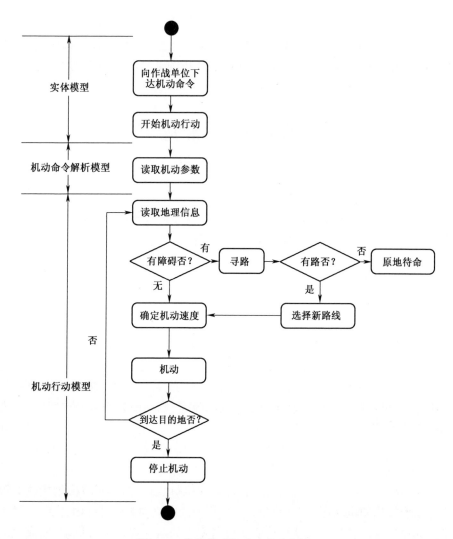

图 7-6　作战模型机动过程示意图

```
{
outCommand=newCommand;
return outCommand;
}
//EquipProvideGroup 的命令解析函数
PublicVoid  CommandParse()
{
private EMSParseMove m_move;
```

```
//EMSParseMove 的解析函数在这里被调用,算法代码用斜体加下划线的表示标明了
//调用函数的位置
m_move. Parse(outCommand);
}
...
//EMSParseMove 的解析函数
EMSParseMove VoidParse(EMSInterfaceCommand outCommand)
{

    //分析外部命令数据
    //解析该条外部命令,生成内部命令列表
    //内部命令列表
    private EMSInterfaceAction  theComm;
    theComm.m_sFedName=outCommand.m_sFedName;
    theComm.m_sGroupCode=outCommand.m_sGroupCode;
    theComm.m_nCommandOutID=outCommand.m_nCommandOutID;
    theComm.m_nState=outCommand.m_nState;
    theComm.m_beginTime=outCommand.m_beginTime;
    theComm.m_endTime=outCommand.m_endTime;
    theComm.m_execTime=outCommand.m_execTime;
    theComm.m_sCommandInCode="JD001";
    theComm.m_sActionCode=ACTION_MOVE;
//保存路线
private EMSInterfaceAction tComm=new EMSInterfaceAction(&theComm);
    tComm.m_sPara[1]=outCommand.m_sPara[2];
    tComm.m_sPara[2]=outCommand.m_sPara[3];
    //m_CommandList 为内部命令保存列表
m_CommandList.AddTail(tComm);
    }
//EquipProvideGroup 的命令执行函数
Public integerMove()
{
    private integer cCount=0;
    if (m_CommandList.GetCount()= =0)
      return 0;
      //执行
    private POSITION pos=m_CommandList.GetHeadPosition();
    for (integer i=0;i<m_CommandList.GetCount();i++)
```

```
      ｝
     private EMSInterfaceAction  theCommand = m_CommandList.GetAt
(pos);

        //判断是否满足执行条件: 开始时间等因素
  //   if (theCommand.m_beginTime>simTime)
  //   ｛
  //   break;
  //   ｝
     if (theCommand.m_sActionCode==ACTION_MOVE)
     ｛//机动
       float x,y;
    x=…;
y=…;
private EMSModelMove m_modelmove;
//EMSModelMove 的机动行为函数在这里被调用,算法代码用斜体加下划线
//的表示标明了调用函数的位置
       integer hr= m_modelmove.Run(m_sGroupCode,x,y,rate,*iTime);
        if (hr==0)
        ｛
           //该行动完成,从任务列表中删除
           …;

        ｝
        …
     m_CommandList.GetNext(pos);
     ｝
     return cCount;
  ｝


  Public integer Run (String sGroupcode, double x, double y, double
rate,int iTime)
  ｛
     private EntMarkMeta cEntm;
     private String sLayerName;
     private String sMarkID;
      private float stepdis = (rate > 1000? 1000: rate)* 1000/3600*
(iTime);
```

```
//调用机动模型函数
if (cEntm.IsMarked(atol(sGroupcode),&sLayerName,&sMarkID))
{
    private OperateJBMap opt;
    private FPOINT targetPoint;
    targetPoint.x=x;
    targetPoint.y=y;
    if (opt.MarkMoveToNextPoint(sLayerName,sMarkID,stepdis,tar-
getPoint)==0)
    return 0;

    return 1;
}
else
{
    TRACE("--%s not be marked---------- \n",sGroupcode);
    return 1;
}
return 0;
}
```

2. 联邦成员的实现

对于一个独立的联邦成员来说,它通过实例化一个 subFederate 类,就能实现与 RTI 所有功能的集成,同时 subFederate 类中设计了仿真联邦成员运行的主线程,对于业务模型集成后的代码运行就是放在这个仿真主线程中调用进行的。

7.3.2　FED 文件集成

对于 FED 文件的集成,应当在 HLA 仿真专家的指导下进行。由于生成的 FED 文件片段是所有类及其子类的文档片段,因此,首先根据仿真实际需要,划分出用于外部交互的类和内部交互的类。只有用于外部交互的类才是 FED 文件中包括的类。其次,将用于外部交互的各个平台相关模型划分为对象类和交互类。根据划分的不同,将属于对象类的 FED 文件片段整合在一起,将 FED 文件片段中的 Attrstring 进行修改,由 attributeorparameter 变为 attribute,同时在属性名称后添加传输方式。将属于交互类的 FED 文件片段整合在一起,并在类名后添加交互类的传输方式。同时,将 FED 文件片段中的 Attrstring 进行修改,由 attributeorparameter 变为 parameter。依据上述规则,集成后的 FED 文件如下:

```
( FED
  ( Federation FederationName)
  ( FEDversion v1.3)
( objects
( class ObjectRoot
      (attribute privilegeToDeleteObject reliable receive)
;;对象类描述
( class Enemy
      (attribute enemyID reliable timestamp )
          )

      (class RedArtillery
        (attribute redArtilleryID reliable timestamp )
            )
    ( class SupportGroup
        (attribute supportGroupID reliable timestamp)
        (attribute supportTeamID reliable timestamp)
class Maintaingroup
(
(attribute personnum reliable timestamp)
      (attribute techlevel reliable timestamp)
(attribute lifestate reliable timestamp)
      (attribute tiredstate reliable timestamp)
)
class EquipProvideGroup
(
(attribute barrelnum reliable timestamp)
      (attribute opticequip reliable timestamp)
(attribute framenum reliable timestamp)
    )
)
      (class Manager
        )
)
)
( interactions
( class InteractionRoot reliable receive
;;交互类的描述
```

```
...
    )
(class Manager reliable receive
    )
)
)
```

参 考 文 献

[1] 柏彦奇.联邦式作战仿真[M].北京:国防大学出版社,2001:33-34.

[2] 柏彦奇,龚传信.新一代作战仿真面临的技术挑战[J].系统仿真学报,2005,12(3): 184-185.

[3] 涂序彦,王枞,郭燕慧.大系统控制论[M].北京:北京邮电大学出版社,2005:1-4.

[4] 邹姝稚,郭振民.Coad/Yourdon 建模方法的改进与支撑系统研究[J].现代电子技术,2001 (1):70-71.

[5] 唐林燕.OMT 方法与 OOram 方法的比较——面向对象软件设计中的两种建模技术[J]. 计算技术与自动化,2000,19(2):56-60.

[6] 徐学文,王寿云.现代作战模拟[M].北京:科学出版社,2001:231.

[7] 龚传信,等. 装备勤务学[M].北京:高等教育出版社, 2003:91.

[8] 李晓春,刘淑芬,沈文旭,等.面向方面的两极建模技术研究与应用[J].吉林大学学报(理 学版),2008,46(2):248-252.

[9] Grady Booch,James Rumbaugh,Ivar Jacobson. UML 用户指南[M].邵维忠,麻志毅,张文娟, 等,译.北京:机械工业出版社,2001:303.

[10] Joao Paulo Almeida,Remco Dijkman, Marten van Sinderen,et al. On the Notion of Abstract Platform in MDA Development[C].Enterprise Distributed Object Computing Conf (EDOC 2004),Monterey,2004:253-263.

[11] Anneke Kleppe,Jos Warmer,Wim Bast. 解析 MDA[M]. 鲍志云,译.北京:人民邮电出版 社,2004.